MANA

Titel von Almut Irmscher in der Reise-Lesebuch-Reihe (ISBN: 978-3-95503-...)

Das **Island**-Lesebuch (127-5)
Das **Norwegen**-Lesebuch (130-5)
Das **Dänemark**-Lesebuch (133-6)
Das **Irland**-Lesebuch (136-7)
Das **Schottland**-Lesebuch (139-8)
Das **England**-Lesebuch (142-8)
Das **Portugal**-Lesebuch (146-6)
Das **Italien**-Lesebuch (149-7)
Das **Griechenland**-Lesebuch (152-7)
Das **Schweden**-Lesebuch (177-0)
Das **Kroatien**-Lesebuch (180-0)
Das **Toskana**-Lesebuch (183-1)
Das **Namibia**-Lesebuch (200-5)
Das **Nordsee**-Lesebuch (215-9)
Das **Ostsee**-Lesebuch (212-8)
Das **Spanien**-Lesebuch (209-8)
Das **Sardinien**-Lesebuch (231-9)
Das **Bayern**-Lesebuch (258-6)
Das **Österreich**-Lesebuch (260-9)
Das **Provence**-Lesebuch (269-2)
Das **Corwall**-Lesebuch (271-5)

Titel von Gunhild Hexamer in der Reise-Lesebuch-Reihe:

Das **Kanada**-Lesebuch – Der Osten (186-2)
Das **Kanada**-Lesebuch – Der Westen (189-3)
Das **Kalifornien**-Lesebuch (203-6)
Das **USA**-Lesebuch (218-0)
Das **Florida**-Lesebuch (254-8)

Titel von Almut Irmscher in der City-Lesebuch-Reihe:

Das **Wien**-Lesebuch (234-0)
Das **Rom**-Lesebuch (237-1)
Das **Hamburg**-Lesebuch (240-1)
Das **Venedig**-Lesebuch (243-2)
Das **Amsterdam**-Lesebuch (252-4)

Bibliografische Information der Deutschen Nationalbibliothek
Detaillierte bibliografische Daten sind unter http://dnb.dnb.de abrufbar.

Titelfoto: Almut Irmscher (Dubrovnik)
Bilder im Innenteil: Almut Irmscher, Grafiken: Tabea Sudrow
Umschlag, Satz, Layout: MANA-Verlag
Druck: Dardedze, Riga, EU

ISBN: 978-3-95503-180-0

MANA-Verlag.de:
Reise-Lesebücher

Almut Irmscher

Das Kroatien-Lesebuch

Impressionen und Rezepte aus dem Land der schönen Küsten

Einführung

Ein Bild wie aus einem Märchen entführt mich in eine weit entrückte Welt. Fern unter mir liegt das Meer, ein dunkles Seidentuch unter dem nächtlichen Sternenhimmel. Gelassen blickt der Vollmond aus seinem runden Gesicht hinab auf die Szenerie, sein Leuchten wirft eine Straße aus glitzerndem Licht über die nächtlichen Träume des Meeres.

Ja, das Meer muss tief in seinen Träumen versunken sein, denn seine Wellen wallen in sanften Wogen und spiegeln die fantastischen Gebilde einer entrückten Anderswelt. Leuchtende Segelschiffe aus orientalischen Nächten gesellen sich zu malerischen Piratenkoggen, prachtvolle Yachten erstrahlen wie Sonnen in der Dunkelheit eines magischen Kosmos. In der Ferne zieht majestätisch ein hell erleuchteter Ozeanriese am Horizont entlang. Und über all das herrscht sie, die geheimnisvolle Schöne. Goldglänzend entsteigt ihr prachtvolles Halbrund dem tiefdunklen Meer: Dubrovnik, die Magierin unter den Städten.

Ich kann mich nicht sattsehen an diesem grandiosen Anblick. Stundenlang verharre ich auf dem kleinen Balkon, der hoch über der Küste thront. Er gehört zu unserer Ferienwohnung in der obersten Etage eines nüchternen Profanbaus oben am Hang. Doch das Gebäude liegt hinter mir und bleibt in der Realität zurück, die ich verlassen habe. Denn der kleine Balkon ist mein fliegender Teppich, mit dem ich geradewegs hinaus ins Reich der Märchen und Träume entschwebe.

Dubrovnik ist so atemberaubend und von solcher Schönheit, dass es fast in den Augen schmerzt. Mit zehn Jahren bin ich zum ersten Mal hier gewesen, viele Jahrzehnte liegt das nun zurück. Doch schon damals spürte ich den Bann, den diese einzigartige Stadt ausübt. Nun bin ich endlich wiedergekommen, und sogleich hat sie mich zurückerobert, mit ihrem zauberhaften Liebreiz und ihrem rätselumwobenen Charme.

Damals, bei meinem ersten Besuch Anfang der Siebzigerjahre, stand der hässliche Zweckbau vielleicht schon, in dem wir jetzt untergebracht sind. Ich wohnte aber mit meinen Eltern in einem großen Hotel, das etwas unterhalb an der Küste lag und einen ähnlich betörenden Ausblick bot. Das Hotel gibt es noch, und dennoch ist jetzt alles ganz anders. Die einstige Herberge für Devisen bringende Touristen aus dem reichen Nordeuropa hat sich zu einem respektablen Luxushotel gemausert, und überhaupt hat sich alles verändert. Denn das sozialistische Land, das in meiner Kindheit noch Jugoslawien hieß, ist auseinandergefallen. Der Teil, in dem Dubrovnik liegt, gehört jetzt zu Kroatien, einem modernen europäischen Staat. Doch der Weg dorthin gestaltete sich holprig und schmerzvoll.

Die herrliche Adriaküste Kroatiens, heute ein Traumziel für viele Reisende aus aller Welt, hat die Menschen schon immer mit ihren Reizen entzückt. Sie ist seit 130.000 Jahren besiedelt, und die Zeiten haben ihr wechselnde Begehrlichkeiten beschert. Der große Boom begann mit den Griechen der Antike, die ab dem zwölften vorchristlichen Jahrhundert ihre Kolonien in den verwunschenen Buchten gründeten. Zum Landesinneren hin waren diese gut abgeschirmt und geschützt durch die kargen und unwegsamen Höhenzüge des Dinarischen Gebirges, das sich gleich hinter der Küste auftürmt.

34 v. Chr. kamen die Römer unter Octavian, dem späteren Kaiser Augustus, und verleibten das Land ihrem Imperium

ein. Mit der Teilung des Römischen Reichs fiel Kroatien dann 395 n. Chr. an Byzanz.

Doch eigentlich war damals von Kroatien noch gar keine Rede. Das sollte sich erst ändern, als der Stern von Byzanz zu sinken begann. Bereits im siebten Jahrhundert geriet das Reich unter Druck, denn aus den Steppen Zentralasiens drohte ein wildes Reitervolk, die Ländereien an der östlichen Adriaküste zu erobern. In der Not siedelte Byzanz wehrhafte Slawen aus dem Süden Polens in dieser Gegend an, einen Stamm der Chorwaten, die auch als »weiße Kroaten« bezeichnet werden.

Diesen Leuten gelang es erfolgreich, ihre neue Heimat zu verteidigen. Schon im neunten Jahrhundert fiel der Name »Kroaten«, wenn man von den Regionen an der östlichen Adriaküste sprach. Das Wort selbst stammt wohl aus dem Persischen, doch wie es seinen Weg von Persien über Polen bis an die Adria gefunden hat, weiß niemand mehr.

Deutlich leichter ist es da schon nachzuvollziehen, wie das Wort in ganz anderer Bedeutung ins Deutsche Einzug halten konnte: Berittene kroatische Soldaten, die sich im 17. Jahrhundert am Hof Ludwigs XIV. in Versailles aufhielten, trugen ein Fransenhalsband, um sich von Soldaten anderer Herkunft abzugrenzen. Kroate heißt auf Französisch »Croate«, so nannte man also auch die Reiter mit dem Halsband am Hof von Versailles. Bald diente das Wort in leicht abgewandelter Form als Name für den eigenartigen Halsschmuck: »cravate« – und schon betrat die Krawatte den Laufsteg der Herrenmodewelt.

Doch reisen wir noch einmal zurück in die byzantinische Provinz an der Adriaküste. Um das Jahr 925 hatte die Vorherrschaft der Stadt am Bosporus endgültig ausgedient. Tomislav erklärte sich zum ersten König von Kroatien. Im weiteren Verlauf des Mittelalters bestand eine Personalunion mit Ungarn, danach herrschte das mächtige Venedig über Kroatien. Jahrhundertelange Bedrohung durch das eroberungshungrige Osmanische Reich ließ in dieser Epoche wenig Ruhe aufkommen. Kroatien verkam zur ständigen Kriegszone, entsprechend brodelte es in der Bevölkerung.

Erst nach den Feldzügen Napoleons und der Aufteilung des europäischen Kontinents im Zuge des Wiener Kongresses hielt 1815 eine neue Ordnung Einzug. Dalmatien und Istrien fielen an Österreich, der Rest von Kroatien an Ungarn, ganz nach der damals populären Doktrin »divide et impera« – »teile und herrsche«. In zwei gänzlich voneinander getrennten Verwaltungsbezirken würden sich die Kroaten schon unter Kontrolle halten lassen, so die Idee.

Diese Rechnung hatten die Herren allerdings ohne den Wirt gemacht. Wie in vielen Ländern Europas erblühte auch in Kroatien ab der ersten Hälfte des 19. Jahrhunderts der nationale Gedanke. Österreich und Ungarn wussten die Unabhängigkeitsbestrebungen zwar im Zaum zu halten, doch konnten sie einigende Maßnahmen wie die Standardisierung der Sprache nicht verhindern. Erklärtes Ziel der Nationalisten war es, eines Tages alle Slawen im Süden Europas in einem einzigen Staatsgebilde zu vereinen. Das Ende des Ersten Weltkriegs bot dazu endlich die langersehnte Chance. Als Ungarn die Doppelmonarchie mit Österreich aufkündigte, sprach sich auch Kroatien von der Fremdbestimmung los.

Aber so einfach wie erhofft gestaltete sich die Unabhängigkeit nicht. Italien beharrte darauf, sich die Sahnestückchen Kroatiens einzuverleiben, schließlich hatten die alliierten Mächte Frankreich, Großbritannien und Russland schon 1915 entsprechende Zusagen gemacht. Flugs schloss sich Kroatien mit Serbien zum Königreich der Serben, Kroaten und Slowenen zusammen und bildete dadurch eine starke Front gegen die übergriffigen Italiener.

Doch schon bald beherrschte Streit die neue Allianz. Hatten sich die Kroaten Mitspracherecht in einer freiheitlichen Republik erhofft, so stand den Serben der Sinn nach einer Monarchie unter ihrer Vorherrschaft. Unabhängigkeitsbestrebungen der Kroaten ließen sie nicht zu. Und weil die Serben den Kroaten zahlenmäßig weit überlegen waren, stürzte das neu gegründete Land zuerst in eine Staatskrise und dann in eine serbisch geprägte und vom Militär getragene Königsdiktatur: Das Königreich Jugoslawien entstand. Viele Kroaten flohen vor der Willkürherrschaft ins Ausland.

Noch schlimmer kam es, als im Zweiten Weltkrieg die deutsche Wehrmacht einmarschierte. Jugoslawien kapitulierte und mutierte zum deutschen Vasallenstaat. Teile von Kroatien fielen an Italien und Ungarn, der Rest des Landes erklärte seine Unabhängigkeit und stand jetzt unter faschistischer Diktatur. Der Völkermord an Juden, Serben und Roma warf einen finsteren Schatten über Kroatien, das Konzentrationslager Jasenovac erlangte als »Auschwitz des Balkans« traurigen Ruhm.

Doch bei weitem nicht alle Kroaten waren mit dieser Schreckensherrschaft einverstanden. Besonders die Kommunisten formierten sich zum Widerstand, und 1943 erlangte ihre Partisanenbewegung die Kontrolle über den Großteil des früheren Königreichs Jugoslawien. Als Anführer fungierte Josip Broz, der sich Tito nannte, und hatten die Faschisten mit brutalen Morden schwere Schuld auf sich geladen, so machten es die Kommunisten mit ihren Massakern an den Kriegsverlierern 1945 nicht besser.

Fortan herrschte Tito über das aus sechs Teilrepubliken bestehende Jugoslawien und etablierte eine Diktatur sozialistischer Prägung. Proteste der Bevölkerung, die zu Beginn der Siebzigerjahre vermehrt aufkamen, ließ er mit aller Härte niederschlagen.

Doch nach seinem Tod im Jahr 1980 wurden die Stimmen immer lauter, die Autonomie für die Teilrepubliken Jugoslawiens forderten. Der Wind des Wandels, der ab der zweiten Hälfte des Jahrzehnts immer frischer durch die Staaten des Ostblocks wehte, erfasste auch Jugoslawien. Erst wurde ein Mehrparteiensystem zugelassen, dann entstand die kroatische Volkspartei, und schon 1991 erklärte Kroatien nach einem Referendum seine Unabhängigkeit. Satte 93,2 Prozent der Bevölkerung hatten dafür gestimmt.

Doch so einfach ging es leider nicht. Nach wie vor wollten die Serben ein unabhängiges Kroatien nicht dulden. Die Jugoslawische Volksarmee unterstützte die Armee der Serben, und für die Dauer von vier Jahren tobte ein schrecklicher Bürgerkrieg. Auf allen beteiligten Seiten im ehemaligen Jugoslawien brach blanker Hass gegen andere Bevölkerungsgruppen aus, meist von religiösen Überzeugungen geschürt. Im allgemeinen Chaos versuchte auch Kroatien, Teile Bosniens zu annektieren, um ein »Großkroatien« zu schaffen. Freilich ausschließlich für Katholiken, also ohne die in den betreffenden Regionen heimischen Moslems und Orthodoxen.

Der Kroatienkrieg endete im November 1995 mit dem Abkommen von Erdut. Die Jugoslawische Volksarmee zog sich aus Kroatien zurück, nicht ohne militärisch bedeutsame Gebäude zu zerstören und strategisch wichtige Gebiete zu verminen. Noch heute leidet Kroatien unter den Folgen dieser Taten.

Nichtsdestotrotz setzte das Land nun alle Kräfte dafür ein, den Anschluss an die Demokratien im Westen von Europa zu finden. Es schloss ein Abkommen mit der EU und leitete wirtschaftliche, rechtliche sowie soziale Reformen ein. Die parlamentarische Demokratie hielt Einzug. Privatisierung, der entschlossene Kampf gegen die Korruption und der Zugang zum

EU-Binnenmarkt sorgten für Investitionsanreize. Seit April 2009 ist Kroatien Mitglied der NATO, am 1. Juli 2013 trat es der EU bei. Es ist jetzt in 20 Verwaltungsbezirke aufgeteilt, die sogenannten »Gespanschaften«. Die Hauptstadt Zagreb liegt in der Pannonischen Tiefebene, deren weites Becken den westlichsten Teil des eurasischen Steppengürtels ausmacht. Der schmalere Südteil des Landes besteht aus dem Dinarischen Gebirge und der Küstenregion an der Adria. Ganz im Süden befindet sich die Gegend von Dubrovnik als einzige Exklave Kroatiens, vom Rest des Landes getrennt durch einen nur gut fünf Kilometer schmalen Küstenstreifen, der zu Bosnien-Herzegowina gehört.

Gut 4,2 Millionen Menschen leben in Kroatien, die Bevölkerungszahl ist aber rückläufig. Das mag daran liegen, dass das Land inzwischen zwar weit entwickelt ist, lange Zeit aber mit hoher Arbeitslosigkeit zu kämpfen hatte. Besonders unter den Jugendlichen war die Quote bis vor kurzem mit mehr als 40 Prozent erschreckend hoch, ist aber inzwischen deutlich gesunken.

Traditionell lebten die Kroaten von Fischerei und Landwirtschaft, heute werden hier Zuckerrüben, Kartoffeln, Weizen, Mais, Öl und Wein angebaut, im Süden des Landes auch Tabak und Zitrusfrüchte. Zwar ist Kroatien nicht gerade arm an Bodenschätzen: Es gibt Erdgas, Erdöl, Kohle, Bauxit, Eisenerz und Porzellanerde, um nur einige zu nennen. Doch noch immer wirkt die Zerstörung wichtiger Industrieanlagen im Kroatienkrieg nach. Der Wiederaufbau ist schwierig und verschlingt Unsummen.

Deshalb setzt Kroatien auf seinen allergrößten Schatz: die Schönheit des Landes. Der Tourismus boomt, vor allem natürlich an den herrlichen Küsten und ihren vorgelagerten Inseln, deren Zahl die Tausend weit überschreitet. Der Staat investiert in den Autobahnausbau, ein roter Teppich für die zehn Millionen Reisenden, die Jahr für Jahr nach Kroatien kommen. Die Autobahntunnel zählen zu den sichersten in ganz Europa.

Am Ziel erwartet die Gäste des Landes ein kleines Paradies. Der kroatische Teil der Adria gilt als sauberster Bereich des Mittelmeers, mehr als hundert Strände schmücken sich mit der Blauen Flagge. Zehn Prozent der Landfläche Kroatiens stehen unter Naturschutz, acht große Nationalparks begeistern die Besucher mit ihren atemberaubenden Landschaften. Allen voran locken die Plitvicer Seen und die Krka, beide mit grandiosen Naturwasserspielen.

95 Prozent der kroatischen Wälder sind naturbelassen. Hier leben Braunbären, Goldschakale, Wölfe und Luchse, die Lüfte beherrschen Gänsegeier, Reiher, Kormorane, Schwarzstörche sowie mehrere Arten von Adlern, darunter sogar der seltene Weißschwanzseeadler. Im Meer tummeln sich Delfine und Mönchsrobben, in den Karstregionen lebt der weltweit einzigartige Grottenolm, ein blinder Höhlenbewohner.

Beste Voraussetzungen also für einen abwechslungsreichen Erholungsurlaub. Dass dieser auch wirklich gelingt, machen die Kroaten mit ihrer herzlichen Gastfreundschaft möglich. Gut bewirtet mit deftiger Kost, begleitet von einem Gläschen Sliwowitz, der Leichtigkeit des Südens und den strahlenden Farben der Adria, findet man hier ein Stück vom Glück. Zahlreiche Fotos auf meiner Website www.almutirmscher.de geben Ihnen einen Eindruck von der Schönheit und Vielfalt dieses Landes.

Doch auch die faszinierenden Kulturen der Vergangenheit haben in Kroatien ihre Spuren hinterlassen. In ihrer Ursprünglichkeit fast verwunschen wirkende Dörfer, pittoreske Hafenstädtchen, aber auch prächtige urbane Zentren wie Zadar oder Split faszinieren die Besucher mit ihren Kunst- und Architekturschätzen. Und natürlich Dubrovnik, die Magierin unter den Städten.

Methusalem im Jungbrunnen – der Überlebenskünstler aus dem Karst

Der kleine Kerl ist blind. Seine Haut ist fahl und bleich wie die eines Todgeweihten auf dem Sterbebett. Gäbe es ein wenig Licht, so vernähme man an seinem Leib einen zaghaften blassrosa Hauch. Denn er ist nicht nur blind, sondern auch dünnhäutig, feinste Äderchen schimmern durch die zarte Membran. In seinem Reich existiert allerdings kein Licht, der Ärmste ist dazu verdammt, sein Dasein in ewiger Dunkelheit zu fristen. Wird es hell, so ergreift er die Flucht. Nicht eilig, nein. Sein Leben kennt keine Eile. Man könnte sagen, er schleicht sich davon.

Fast möchte man deshalb glauben, »Blindschleiche« sei die passende Bezeichnung für ihn. Aber er wirkt eher wie ein zu groß geratener Regenwurm, und wenn man sich an die Dunkelheit gewöhnt hat, erkennt man einen schmalen, dreieckigen Kopf, an dessen Übergang zum schlangenförmigen Rumpf seitlich kleine rote Büschel abstehen. Das sind seine Kiemen. Und gleich dahinter entdeckt man bei genauem Hinsehen winzige Beinchen, sie sind kaum auszumachen und offenbar viel zu klein. Ganz so, als seien sie die tollpatschigen Ärmchen eines Babys, dessen Proportionen noch nicht zueinandergefunden haben. Wie ein Aal windet sich das nur gerade eben 30 Zentimeter lange Kerlchen im klaren Wasser, und wäre es größer, so würde man es für ein drachenhaftes Fabelwesen halten.

Vielleicht handelt es sich dabei ja tatsächlich um die Larve eines Lindwurms oder gar um ein Drachenjunges, so erzählte Ende des 17. Jahrhunderts ein aufgeregter Bauer, der eines der Tiere nach einer Überschwemmung in einer Karstquelle gefunden hatte. Doch der eilends herbeigereiste Wissenschaftler betrachtete das fremdartige Geschöpf mit nüchternerem Blick. Es handle sich wohl eher um eine Art Eidechse, konstatierte der gelehrte Mann. Gleichwohl musste es ein ungewöhnliches Exemplar sein, womöglich die Larve eines weit größeren, unbekannten Höhlenreptils. Die Aussicht, einen schaurig-faszinierenden Bewohner der Unterwelt zu entdecken, löste eine Sensationsgier aus, die dem Kleinen binnen kürzester Zeit zu großer Popularität verhalf.

Tatsächlich handelt es sich bei dem nur etwa 20 Gramm leichten Winzling um eine Larve. Doch als habe er nicht schon genug an der Last seiner Blindheit und des Daseins in ewiger Dunkelheit zu tragen, muss er sich auch noch damit abfinden, Zeit seines Lebens über das Larvenstadium nicht hinauszuwachsen. Er ist sozusagen im Zustand eines Kleinkindes steckengeblieben. Wie er sich in seiner glitschigen Nacktheit dahinwindet, glänzt er wahrlich nicht durch besondere Schönheit: der Grottenolm, ein höchst rätselhaftes Wesen.

Viele Geheimnisse umwehen diesen seltsamen Lurch. Seinem größten Mysterium sind Forscher sogar erst in jüngster Zeit auf die Spur gekommen: Denn so unvollkommen die blinden Würmchen auch wirken, entgegen allen bisher bekannten Naturgesetzen werden sie unvorstellbar alt. Hieß es bislang, je größer eine Amphibienart wachse, desto älter werde sie, so spottet der Grottenolm den Erkenntnissen der Gelehrten. Denn er kann sehr wahrscheinlich mehr als 100 Jahre lang leben, ohne dass währenddessen irgendwelche Spuren einer Alterung erkennbar wären. Noch weiß niemand, wie er das schafft.

Fast als Phantom lebt er tief verborgen in den unterirdischen Höhlensystemen des Dinarischen Gebirges, das sich mit bis zu knapp 2.700 Meter hohen Gipfeln über 600 Kilometer entlang des östlichen Ufers der Adria erstreckt. Diese Heimat des Grottenolms ist ihrerseits ein bizarrer Sonderling. Denn es handelt sich um eine Region, die zumindest auf den ersten Blick alles andere als lebensfreundlich erscheint. Wie das weißgraue Skelett einer gestorbenen Welt erheben sich mancherorts ihre kargen Hänge aus dem so einladend strahlenden Blau des Meeres, eine abweisende, feindliche Mondlandschaft.

Tatsächlich stellte das Dinarische Gebirge seit Menschengedenken eine beinahe unüberwindbare Barriere dar. An seine schroffen, steilen und stark zerklüfteten Abhänge schließen sich weiter ostwärts schier endlose, dürre Hochebenen an. Bis schließlich in unserer Zeit moderne Verkehrswege entstanden, waren die Pannonische Tiefebene im Landesinneren und die Küstengebiete an der Adria durch dieses gewaltige Hindernis voneinander fast vollständig isoliert. Um miteinander in Verbindung treten zu können, mussten die Menschen weite Umwege in Kauf nehmen.

Das Kalkgestein des Dinarischen Gebirges ist für dessen Unzugänglichkeit verantwortlich. Fällt nämlich Regen auf seine Oberfläche, so werden komplexe Reaktionen in Gang gesetzt, die zur sogenannten Verkarstung führen. Der geologische Terminus »Karst« ist dem Namen einer Landschaft im Norden des Dinarischen Gebirges entlehnt, die wiederum nach dem lateinischen Wort »carsus« für steinigen, unfruchtbaren Boden benannt ist. Tatsächlich wurde dieses Landschaftsphänomen hier im Karst des Dinarischen Gebirges erstmals wissenschaftlich untersucht.

Freilich ist es zur Entstehung von Karst nicht ausreichend, dass es lediglich auf den Kalkstein hinabregnet. Vielmehr muss im Regenwasser Kohlendioxid enthalten sein, denn nur mit diesem reagiert das im Gestein enthaltene Kalziumkarbonat. Dann löst es sich und wird fortgeschwemmt, während unterdessen weitere chemische Reaktionen stattfinden. So entstehen Klüfte im Gestein, die es immer tiefer durchdringen und im Untergrund wassergeflutete Hohlräume bilden. Dabei setzen sich die chemischen Prozesse immer weiter fort. Die Hohlräume vergrößern sich zu durchspülten Höhlensystemen, während von deren Decken durch das nachsickernde kalkgesättigte Wasser allmählich Tropfsteine wachsen. Erst wenn die unterirdischen Gewässer auf andere Gesteinsschichten stoßen, sammeln sie sich zu Flüssen und treten schließlich aus dem Gebirge aus. Tiefe Schluchten, wilde Canyons und enge Klammen sind dabei ihre typischen Wege. Bedingt durch die schnelle Entwässerung ist es an der Oberfläche des Karsts extrem trocken, und das, obwohl das Gebiet an sich recht regenreich ist.

Der dürre Boden dieser Landschaft hat eine besondere Form des Waldes entstehen lassen, eine von Gesteinshalden durchbrochene, lichte Gesellschaft aus Weißtannen, Buchen und Kiefern. Auch wenn es auf den ersten Blick nicht so scheinen mag, ist dieser Wald doch ausgesprochen vielfältig besiedelt. Da Stämme und Baumkronen nicht besonders dicht wachsen, dringt viel Sonnenlicht zum Boden vor und schafft Lebensraum für die verschiedensten Beeren und Disteln, außerdem für Farne, Gräser, Kräuter und Efeu. Dazu gesellen sich aparte Blütengewächse wie Veilchen, Heckenrosen, Maiglöckchen, Schwertlilien, Affodill oder Pfingstrosen. Zusammen mit seiner Tierwelt stellt das Dinarische Gebirge eine der artenreichsten Regionen Europas dar. Es ist ein Refugium für

Hirsche, Wölfe und Luchse, für wilde Ziegen, Wildschweine, Adler, Falken und Milane. Seine Existenz verdankt dieses Naturparadies nicht zuletzt der weitgehenden Abwesenheit von Menschen, das wasserarme Gebirge mit seinen unfruchtbaren Böden ist nämlich nur recht dünn besiedelt.

Nichts an seiner Oberfläche lässt die geheimnisvolle Unterwelt erahnen, die sich tief im Inneren des Karstgebirges erstreckt. Niemand weiß, welche Ausdehnung die Höhlensysteme des Dinarischen Gebirges tatsächlich haben. Die meisten Klüfte sind für Menschen zudem völlig unzugänglich.

Hier unten, bei einer Temperatur von konstanten zehn Grad Celsius, liegt die verborgene Welt der Grottenolme. Sie leben in den sauerstoffreichen Ruhigwasserzonen der stockfinsteren unterirdischen Flusssysteme. Nur an wenigen Orten lassen sie sich beobachten, so in der seit 1995 zugänglichen Tropfsteinhöhle Baredine auf der kroatischen Halbinsel Istrien. Die Gruppen von Tieren, die in solchen erschlossenen Höhlenausläufern entdeckt wurden, stellen wohl nur bescheidene Randvorkommen eines mächtigen Volks lichtscheuer Miniatur-Lindwürmer dar, die womöglich den gesamten Untergrund des gewaltigen Gebirges bewohnen. Ob es sich aber tatsächlich so verhält, ist unbekannt. Grottenolme gelten als gefährdet, da sie absolut sauberes Wasser benötigen und auf die Verschmutzung ihrer Lebensgrundlage äußerst empfindlich reagieren.

Weil unlösbare Mysterien schon immer die Neugier des Menschen geweckt haben, erregte auch der Grottenolm nach seiner Entdeckung schnell außerordentliches Interesse. Schon bald machten sich sowohl ernsthafte Forscher als auch Kuriositätensammler auf die Suche nach dem außergewöhnlichen Wesen. Als klar wurde, dass es sich leider nicht um den Nachwuchs von Drachen handelte, verpasste man ihm den Namen

»Menschenfischlein«, wohl inspiriert durch die nackte, rosige Haut. Auf diese Art konnte dem Winzling doch zumindest der Nimbus eines Fabelwesens erhalten werden.

Wer seiner habhaft wurde, bekleckerte sich meist mit wenig Ruhm. Die Tierchen wurden als Delikatesse auf dem Fischmarkt feilgeboten, gebraten und verzehrt, oder man verkaufte sie als lebende Reisemitbringsel. Dann erlitten sie angesichts der Unwissenheit ihrer neuen Herren in der Regel einen raschen Tod. Seit 1982 ist der Handel mit Grottenolmen verboten, inzwischen stehen sie unter strengem Artenschutz. So bleibt ihnen unsachgemäße Behandlung nun ein für alle Mal erspart.

Wenn der Grottenolm nämlich eines auf den Tod nicht ausstehen kann, dann ist es Licht. Ist er diesem schutzlos ausgesetzt, so verfärbt er sich am ganzen Leib, als erleide er einen Sonnenbrand. Als Wesen der ewigen Dunkelheit benötigt er keine Augen. Tatsächlich besitzt er noch welche, wenn er aus seinem Ei schlüpft. Doch wachsen diese in allerkürzester Zeit zu, ganz so, als seien sie nur eine lästige Kinderkrankheit. Der Grottenolm registriert jeden noch so feinen Lichteinfall mit seiner hochempfindlichen Haut. Er riecht und hört ausgesprochen gut, außerdem nimmt er das Magnetfeld der Erde wahr und orientiert sich daran. So lebt er in seiner eigenen Dimension, einer fremdartigen, für uns kaum vorstellbaren Welt.

Nähert sich etwa ein durch Überschwemmungen in die Höhlen eingespülter Haselfisch, so verschwindet der Grottenolm mit schlafwandlerischer Sicherheit im Schutz der Felsen. Die seltenen Eindringlinge sind seine einzigen Fressfeinde, von diesen – und den Menschen – abgesehen droht dem kleinen Lurch keinerlei Gefahr. Er ernährt sich von winzigen Krebstierchen und ist äußerst genügsam. Eine Mahlzeit alle paar Tage reicht ihm völlig, selbst sechs futterlose Jahre übersteht er ohne jedes Problem. Es heißt, dass ein Wissenschaftler einst ein Exemplar in einem Gefäß ohne Nahrung vergaß. Als das Tier schließlich zehn Jahre später wiederentdeckt wurde, lebte es noch immer.

Grottenolme sind scheu, aber recht behäbig, allzu schnelle Bewegungen vermeiden sie tunlichst. Ihre Geschlechtsreife erreichen die Larventiere erst mit rund 15 Jahren, wobei männliche und weibliche Exemplare nur äußerst schwer voneinander zu unterscheiden sind. Auch die Ablage der 35 Eier, jedes davon lediglich vier Millimeter groß, erfolgt bloß alle zwölfeinhalb Jahre. In der slowenischen Grotte von Postojna, wo seit 100 Jahren Grottenolme beobachtet werden, fand man erst 2014 zum ersten Mal überhaupt ein Gelege, zwei Jahre später konnte der Schlupf zweier Jungtiere beobachtet werden. Ein Leben in Zeitlupe!

Liegt vielleicht darin das Geheimnis der Langlebigkeit dieser zarten Tierchen? Seit 60 Jahren erforschen Wissenschaftler in einer Grotte im französischen Moulis deren mysteriöses Dasein. Zu diesem Zweck wurden die Tiere extra dort angesiedelt, und nur dort gelang bisher die gezielte Nachzucht. Allerdings gibt es inzwischen auch in der Rübeländer Hermannshöhle im Harz berechtigte Hoffnung. Dort wurden schon in den Dreißigerjahren des letzten Jahrhunderts Grottenolme aus dem Dinarischen Karst ausgesetzt, weitere Exemplare folgten 1956. Von diesen insgesamt 20 Tieren lebten 2015 noch neun, die inzwischen schon bis zu 70 Jahre alt waren. Bei fünf davon handelte es sich um trächtige Weibchen. Allerdings schlüpften aus deren allerserstem Gelege, das 2016 entdeckt wurde, leider keine Jungtiere. Bereits 2017 konnten zehn neue Eier ausgemacht werden, doch auch dieses Mal kam es aus bisher ungeklärten Gründen nicht zum Schlüpfen kleiner Olme. 2020 lebten noch sieben der Tiere, bei einem der vier

Weibchen wurden 4 befruchtete Eier entdeckt. Es besteht also weiterhin Hoffnung auf Nachwuchs.

Über die Phase, bis der frisch geschlüpfte Grottenolm-Nachwuchs sechs Jahre alt geworden ist, weiß man so gut wie nichts, weil die Tiere ihre frühe Kindheit an unbekannten Orten verbringen. Zumindest danach scheint den Dauer-Larven so leicht nichts mehr etwas anhaben zu können. Die gewöhnliche Lebenserwartung ihrer Schützlinge beziffern die Forscher mit rund 70 Jahren, ein Viertel der Olme, so schätzen sie, erreicht sogar ein Alter von bis zu 100 Jahren, vielleicht auch mehr. Und das offenbar ganz ohne spürbare Alterungserscheinungen. Wie den Winzlingen das gelingt, bleibt rätselhaft. Weder der bemerkenswerte Stoffwechsel noch die recht gewöhnlichen antioxidativen Abwehrmechanismen vermögen eine Erklärung zu liefern. Die geringe Körpermasse der Babydrachen widerspricht allen Erkenntnissen über die Lebenserwartung von Amphibien. Ist es die ewige Dunkelheit, die sie dem Alterungsprozess trotzen lässt?

Vielleicht verbirgt sich ihr Geheimnis auch einfach darin, dass sie ein Leben lang Kinder bleiben.

Lepinje – Fladenbrot vom Balkan

Zutaten:

500 g Mehl
30 ml Olivenöl
1 Pck. frische Hefe
1 Tl Salz
10 g Zucker
30 g Sesamsaat
Mehl zum Einstäuben

Zubereitung:

300 ml lauwarmes Wasser in eine Schüssel füllen, Zucker und Hefe darin auflösen. Anschließend Salz hinzugeben, das Mehl dazusieben und gut vermischen. Den Teig mit den Händen 10 Minuten lang kräftig durchkneten, bis er sich vom Schüsselrand löst. Dann den Teig herausnehmen und mehrfach mit Kraft in die Schüssel zurückschleudern. Anschließend ringsum mit dem Öl einreiben, abdecken und 30 Minuten lang an einem warmen Ort gehen lassen. Danach den Teig, ohne ihn noch einmal zu kneten, in vier gleiche Teile teilen, erneut abdecken und 15 Minuten gehen lassen.

Ein Backblech mit Mehl einstäuben, die vier Teigstücke daraufsetzen und jeweils von innen nach außen mit den Fingern zu einer flachen, runden Form drücken. Einen Gitterrost kurz und fest auf die Teigoberseiten drücken, um darauf ein Gittermuster zu erzeugen, die Sesamsaat darüberstreuen, noch einmal abdecken und weitere 15 Minuten gehen lassen.

Den Backofen auf höchstmögliche Hitze vorheizen, das Backblech in die mittlere Schiene schieben und die Lepinje ca. 15 Minuten lang backen, bis sie goldbraun sind. Dann sofort auf saubere Geschirrtücher legen, einwickeln und 10 Minuten ruhen lassen. Man verspeist Lepinje zu Ćevapčići, sie schmecken aber auch zu anderen Gerichten oder als Sandwich mit Belag.

Ćevapčići – kroatische Hackfleischröllchen

Zutaten für 4 Personen:

800 g Rinder- oder Lammhackfleisch mit hohem Fettanteil
1 rote Zwiebel
1 rote Chilischote
4 Knoblauchzehen
100 ml Sprudel
2 El rotes Paprikapulver (edelsüß)
2 Tl Natron
Speiseöl zum Braten
Salz
Pfeffer

Zubereitung:

Die Zwiebel und die Knoblauchzehen schälen, die Chilischote waschen, aufschneiden und entkernen. Dann alles zerkleinern und so fein wie irgend möglich hacken. Anschließend zusammen mit dem Fleisch in eine Schüssel geben, Paprika, Natron und Sprudel hinzugeben, salzen, pfeffern und alles gut miteinander vermischen. Mit den Händen 10-15 Minuten lang kneten. Dann abdecken und für 1 Stunde in den Kühlschrank stellen.

Nun noch einmal durchkneten und danach mit den angefeuchteten Händen kleine Röllchen daraus formen, etwa so lang wie ein Mittelfinger, aber etwas dicker. Die Röllchen auf eine Platte legen, abdecken und über Nacht im Kühlschrank durchziehen lassen.

Zum Braten in einer großen, beschichteten Pfanne einen guten Schuss Speiseöl erhitzen und die Ćevapčići hineingeben. Während des Bratens hin- und herbewegen und wenden, bis sie außen ringsum gut und ziemlich dunkel gebräunt sind.

Zu den Ćevapčići serviert man rohe Zwiebelringe, Ajvar, Lepinje-Fladenbrot und/oder Đuveč-Reis.

Multikulti auf Kroatisch – Spezialitäten aus der Küche

In Dubrovnik habe ich Zlatko kennengelernt. Zlatko führt normalerweise Besucher durch die alte Stadt, um ihnen deren Sehenswürdigkeiten zu zeigen. Heute sind wir aber zusammen in ein kleines Restaurant auf dem Platz neben der Kathedrale gegangen, wo wir uns unter Sonnenschirmen an einen der einladend gedeckten Tische setzen. Von hier aus können wir dem bunten Treiben an den Ständen zuschauen, die sich um das Denkmal des Dichters Ivan Gundulić scharen. Marktfrauen bieten dort Obst und Gemüse feil, Honig und kandierte Früchte. Allen voran finden die bittersüßen Pomeranzenschalen Zuspruch, die in Dubrovnik so beliebt sind. Ich möchte mir von Zlatko die Spezialitäten der kroatischen Küche vorstellen lassen, denn er ist begeisterter Hobbykoch. Den Markt mit seinem bunten Treiben finde ich als Umgebung dafür äußerst passend.

Ich schaue kurz in die Speisekarte, werfe Zlatko einen fachkundigen Blick zu und sage, da würden sich ja wohl die berühmten Ćevapčići anbieten. Doch er schüttelt leicht missmutig den Kopf. »Natürlich«, meint er, »Ćevapčići sind ein typisches Gericht, und du bekommst sie überall in ganz Kroatien. Aber unsere Küche hat viel mehr als nur das zu bieten. Zuallererst musst du dich von der Vorstellung trennen, dass es die einheitliche kroatische Küche überhaupt gibt.«

Ich runzle die Stirn. Doch Zlatko lächelt nachsichtig, winkt dem Kellner und bestellt erst einmal eine Flasche Dingač. »Der Dingač ist einer unserer bekanntesten Weine«, lässt er mich wissen. »Er stammt aus dem gleichnamigen Dorf im Süden der Halbinsel Pelješac hier in Dalmatien, nur rund 50 Kilometer nördlich von Dubrovnik.«

Dann erzählt er, dass Pelješac schon früh von Illyrern besiedelt war, einem eisenzeitlichen Volk, das rege Kontakte zu den Griechen der Antike pflegte. Seit jener Epoche wird Wein angebaut, ein langer Zeitraum, den die Winzer von Pelješac genutzt haben, um einen wirklich hervorragenden Rotwein zu kultivieren. Dazu ernten sie die Trauben erst, wenn diese schon fast zu Rosinen eingeschrumpelt sind. Nach dem Keltern wird der Dingač mindestens fünf Jahre lang zu einem tannin- und alkoholreichen Wein ausgebaut. Er ist sehr lagerfähig und auch international hoch angesehen.

Schon kommt der Kellner, entkorkt die Flasche und lässt eine ölig-schwere Flüssigkeit ins Glas gleiten, so dunkelrot, dass sie fast schon schwarz erscheint. Obwohl der Wein keine Zeit zum Atmen hatte, verströmt er sogleich einen intensiven Duft, der an überreife Kirschen erinnert. Entsprechend imposant entfaltet er seine erstaunlichen Aromen am Gaumen. Ich bin beeindruckt.

Während ich an meinem Glas nippe, klärt mich Zlatko über die Grundzüge der kroatischen Kochkunst auf. Fleisch und Fisch spielen eine wichtige Rolle, letzterer naturgemäß besonders an der Küste. Gerne werden die Gerichte deftig gewürzt, und fetter Käse, Schinken und Speck sorgen für die Nahrhaftigkeit der Kost. Damit aber, so erfahre ich, ist schon Schluss mit den Gemeinsamkeiten.

Denn Kroatien hat, wie wir bereits wissen, eine höchst wechselhafte Geschichte durchlebt. Die verschiedensten Herrscher und Invasoren, außerdem die ständige Verschiebung der Grenzen, haben einer Vielfalt von kulinarischen Vorlieben Zutritt in die Küchen der einzelnen Regionen verschafft. Die geografische Trennung des Landes durch das Dinarische Gebirge trug darüber hinaus dazu bei, dass sich im Landesinneren ganz andere Spezialitäten herauskristallisiert haben als in den Küstengebieten. In letzteren entwickelte sich seit der Zeit der Illyrer zusammen mit griechischen und römischen Einflüssen eine mediterrane Kost, die heute auch stark von der italienischen Küche inspiriert ist.

Weiter im Osten des Landes dominiert hingegen der Einfluss slowenischer Delikatessen, die wiederum durch orientalische Leckereien ergänzt werden, die von den osmanischen Eindringlingen vergangener Jahrhunderte mitgebracht wurden. Im Landesinneren werden herzhafte Speisen aus Kraut, Fleisch und Speck bevorzugt.

Außerdem hat die Herrschaft Österreich-Ungarns deutliche Spuren hinterlassen. Im Landesteil Slawonien spiegelt sich die ungarische Küche in Form von kräftig abgeschmeckten Eintöpfen und würzigem Gulasch. Die Österreicher hingegen haben ihre Begeisterung für süße Mehlspeisen und Knödel an die Bewohner der Gegend um Zagreb weitergegeben.

In den kargen Karstregionen des Dinarischen Gebirges gibt es einfache Kost wie Eintöpfe aus Kartoffeln und Schweinefleisch, begleitet von Brot. Aber auch eine bekannte Schinkenspezialität hat in den Karstregionen Dalmatiens ihren Ursprung, der Pršut. Die Insel Pag hingegen rühmt sich mit ihrem leckeren Pager Käse, dem Paški sir. Er verdankt seinen würzigen Geschmack der langen Reifezeit, besonders aber den wilden Kräutern, die in der Karstlandschaft wachsen. Sie sind Hauptnahrung für die inseltypischen Minischafe, aus deren Milch der Käse gemacht wird.

»So hat jede Region ihre eigene Besonderheit zu bieten«, weiß Zlatko. »Doch dann wiederum lassen sich viele Gerichte Kroatiens nicht eindeutig von den Spezialitäten der anderen Balkanstaaten abgrenzen. Schließlich steckten Kroatien, Slowenien, Kosovo, Bosnien-Herzegowina, Serbien, Montenegro und Mazedonien noch bis vor nicht allzu vielen Jahren als Jugoslawien unter einem gemeinsamen Hut.« Er nimmt einen tiefen Zug aus seinem Weinglas, schmeckt dem Dingač einen Augenblick genüsslich hinterher und fährt dann fort.

»Nimm zum Beispiel die Hackfleischröllchen Ćevapčići, die du dir gerne bestellen möchtest. Sie gelten bei uns als Nationalgericht, so viel ist klar. Aber in Serbien und Bosnien-Herzegowina haben sie den gleichen Status. Und ringsum hier im Südosten von Europa liebt man sie auch. Man verspeist sie in Rumänien, in Albanien, in Tschechien und in Bulgarien, dort heißen sie allerdings Kebaptscheta. Und daraus hörst du das türkische ‚Kebab' heraus, das ganz ähnlich zubereitet wird. Kebab kennen auch die Griechen, außerdem ist es unter dem gleichen Namen in Arabien und Persien beliebt. Bei genauem Hinhören steckt das Wort ja auch in Ćevapčići. Da hängt eben alles miteinander zusammen.«

»Gut«, nicke ich resigniert und verabschiede mich von der Vorstellung, mit Ćevapčići ein explizit kroatisches Gericht zu wählen. »Welche Besonderheit würdest du mir denn empfehlen?«

»Oh«, beschwichtigt Zlatko, »Ćevapčići sind keine schlechte Wahl. Wenn du Fleisch magst, kannst du aber auch Ražnjići bestellen, das sind gegrillte Fleischspieße. Man kann Zwiebeln und Paprika zwischen die Fleischstücke stecken, und diese können vom Schwein, Kalb, Hähnchen oder Lamm stammen. Das kennt man ja auch vom Griechen, da heißt das Gericht Souvlaki. Im ganzen serbokroatischen Raum wird es als Ražnjići serviert, aber die Türken nennen es Şiş Kebap und die Russen sagen dazu Schaschlik«, fügt er lachend hinzu.

Pašticada, so fährt er fort, sei ein dalmatischer Rinderschmorbraten, der gerne zu besonderen Anlässen serviert werde. Das Fleisch wird in Rotwein eingelegt, wie man es im ganzen nördlichen Mittelmeerraum gerne tut. Dann wird es mit Njoki serviert, die wiederum mit den italienischen Gnocchi verglichen werden können. Derartige Nocken gibt es natürlich auch in der alpinen Küche.

»Oder du bestellst Sarma, Krautwickel. Wir verwenden dafür gesäuerten Weißkohl, man kann die Rouladen aber alternativ mit Grünkohl oder wie in Griechenland mit Weinblättern zubereiten. Naja, Kohlrouladen kennt ihr ja auch in Deutschland. Wir kochen sie gerne zusammen mit Sauerkraut, die Rumänen hingegen wickeln sie zu kleineren Röllchen und würzen mit Dill. In Polen, Ungarn und Russland dünstet man sie in Tomatensauce, und die Türken garen sie in Zitronenwasser.« Ich seufze. Hier ist tatsächlich alles miteinander verbunden.

Zlatko fährt unbeirrt fort. Wenn ich lieber Frikadellen hätte, so solle ich Pljeskavica ordern. Und als Beilage zu den Fleischgerichten kann man Mlinci verspeisen, dünne, gebackene Nudelplatten, die vor dem Verzehr kurz gekocht werden und dann in Bratensauce durchziehen müssen, bis sie butterweich sind.

Doch hier an der Küste, meint Zlatko, empfehle sich natürlich der frische Fang aus dem Meer. Lignje ist Tintenfisch, den gibt es gebraten, gebacken oder mit Gemüse gefüllt. Aber auch zu Scampi, Austern, Miesmuscheln, Hummer und Langusten kann Zlatko mir raten. Oder zu Riblji paprikaš, einem pikanten Eintopf aus Fisch und viel Paprika, der aber meist mit Süßwasserfischen zubereitet wird. Zu alldem isst man das Fladenbrot Lepinje oder Pogača, ein gut gesalzenes Backwerk. Als Zlatko mir erklärt, dass diese Brotsorte schon im Alten Rom bekannt war, dem italienischen Focaccia ähnelt und außerdem in den anderen Balkanstaaten, in Ungarn sowie in der Türkei gerne verspeist wird, bin ich nicht mehr sonderlich überrascht.

»Gut, kommen wir zum Gemüse«, doziert er weiter. »Blitva dalmatinski ist Mangold mit Knoblauch und Kartoffeln, Sataraš dagegen klein gehacktes, gebratenes Mischgemüse.« Außerdem gibt es noch Ajvar, eine Paste aus Paprika, manchmal auch zusätzlich noch Auberginen. Man nutzt Ajvar als Würze, als Brotaufstrich oder als Beilage zum Fleisch.

Als dann das Wort »Đuveč« fällt, horche ich auf. Schon als Kind liebte ich den köstlichen Đuveč-Reis, den es beim Jugoslawen gab. Zlatko erzählt mir, dass Đuveč eigentlich ein Schmorgericht aus Gemüse und Fleisch sei. Je nach Geschmack kann man dafür Rind-, Schweine- oder Lammfleisch verwenden, und auch beim Gemüse gibt es allerlei Variationsmöglichkeiten. Auberginen, Paprika, Zwiebeln und Tomaten sind ganz typisch, man kann aber noch Zucchini, Erbsen, Okraschoten und grüne Bohnen hinzugeben, manchmal auch Kartoffeln. Für den intensiven Geschmack sorgen Knoblauch, Petersilie und Rosenpaprika. Wer es lieber vegetarisch mag, lässt das Fleisch einfach weg, und vermischt man das Ganze mit Reis, hat man Đuveč-Reis, der sich wiederum gut als Beilage zu Fleischgerichten eignet.

»Übrigens«, fügt Zlatko noch hinzu, »Đuveč kennt man in ganz Südosteuropa. Aber eigentlich kommt das Rezept aus der Türkei, dort heißt es Güveç, benannt nach dem Tontopf, in dem es zubereitet wird.« Ich muss lachen.

»Lach nicht«, wehrt er ab, »wir sind nun einmal international! Das merkst du auch am Dessert, denn da gibt es Palačinke – Palatschinken wie in Österreich und Ungarn.

Oder Savijača, was nichts anderes als Strudel ist. Krofne sind Krapfen und Kuglof ist Gugelhupf. Als Besonderheit gibt es Čupavci, kleine Biskuitkuchen mit Schokoladenglasur und Kokosstreuseln. Etwas ganz Ähnliches findest du in Australien und Neuseeland, daran siehst du, wie unsere Köstlichkeiten die Welt erobern!«

Während er mir etwas Wein nachschenkt, kommt er endlich auf die Getränke zu sprechen. Es gibt neben dem Dingač noch einige andere gute Weinsorten, zum Beispiel die Weißweine Grk und Pošip aus Dalmatien. »Und falls du meinst, Prošek sei so etwas wie Prosecco, dann irrst du dich«, sagt er mit mahnendem Unterton, weil ich schon wieder grinse. »Das ist ein dalmatinischer Dessertwein, süß und ziemlich schwer. Aber die Italiener haben uns unseren Prošek ganz schön verhagelt. Seit Kroatien in der EU ist, dürfen wir ihn nicht mehr unter seinem Namen exportieren. Denn obwohl er eine ganz andere Charakteristik hat, haben die Italiener ein Verbot durchgesetzt. Ihr Prosecco genießt nämlich Markenschutz. Sie haben sich auf die Ähnlichkeit des Wortes berufen.« Dabei wird Prošek auch noch ganz anders ausgesprochen – nämlich Proschek. Man merkt Zlatko an, dass er diese Entscheidung der EU als Ungerechtigkeit empfindet.

»Wir haben auch einige Biersorten, außerdem den Kirschlikör Maraschino, die leicht alkoholische Medovina, die ein erfrischendes Honiggetränk ist, oder den Honigwein Gvirc. Und als Digestiv gibt es ein Gläschen Pflaumenschnaps, den Sliwowitz.« Nun kann ich mir das Kichern nicht mehr verkneifen. Denn mein Vater pflegte oft und gerne zu sagen: »Der beste Witz ist der Sliwowitz!«

Schließlich erzählt mir Zlatko noch von der kroatischen Kaffeekultur. Die osmanischen Invasoren brachten neben vielen anderen Delikatessen auch die aromatischen Röstbohnen mit auf den Balkan. Und als der Kaffee später seinen Siegeszug durch Österreich-Ungarn fortsetzte, führte sein Weg dorthin zwangsläufig durch Kroatien. Deshalb gibt es in Kroatien vielerorts Kaffeehäuser im Wiener Stil. Gerne wird der Kaffee auch wie türkischer Mokka mit Zucker im Kännchen aufgekocht und danach aus kleinen Tässchen genossen.

Während Zlatkos Schilderungen habe ich mich schließlich doch für Ćevapčići mit Đuveč-Reis entschieden. Als wir unsere Mahlzeit stilgerecht mit einem Sliwowitz beendet haben, rückt Zlatko seinen Stuhl zurück und erhebt sich. »Ich muss jetzt los«, sagt er, »meine nächste Game-of-Thrones-Gruppe wartet auf mich!« Fragend sehe ich ihn an. Natürlich kenne ich die erfolgreiche Fantasy-Serie »Game of Thrones«. Aber was hat Zlatko damit zu tun?

»Dubrovnik ist Drehort vieler Szenen der Serie«, klärt Zlatko mich auf. »Es dient als Kulisse für Königsmund, die Hauptstadt der Sieben Königslande, in der der Eiserne Thron steht. Das hat Dubrovnik auch in Kreisen populär gemacht, die sich für historische Orte sonst weniger interessieren. Es hat die ganze Stadt verändert.«

Neugierig geworden, stehe ich auf und folge ihm.

Đuveč – Fleisch-Gemüse-Eintopf

Zutaten für vier Personen:

500 g Rindfleisch aus der Keule
400 g Kartoffeln
2 Zwiebeln
2 Möhren
1 Aubergine
1 Zucchini
4 Tomaten
1 rote Paprika
1 grüne Paprika
100 g Sellerie
100 g Prinzessbohnen
1 l Gemüsebrühe
½ Bd. Blattpetersilie
3 Knoblauchzehen
60 ml Olivenöl
1 Tl Rosenpaprika
Salz
Pfeffer

Zubereitung:

Die Zwiebeln schälen und fein würfeln. Die Knoblauchzehen enthäuten und sehr fein hacken. Die Paprika waschen, entkernen und in kleine Stücke schneiden.

Die Bohnen waschen, putzen und je in drei Stücke schneiden. Die Kartoffeln schälen und würfeln, Möhren schälen und in Stückchen schneiden. Den Sellerie fein würfeln, Zucchini, Tomaten und Aubergine waschen und würfeln. Das Fleisch in mundgerechte Stücke schneiden. Die Blättchen der Petersilie abzupfen und fein hacken.

In einem Topf (möglichst aus Gusseisen) die Hälfte des Olivenöls erhitzen und das Fleisch ringsum gut darin bräunen. Mit der Gemüsebrühe ablöschen, aufkochen, salzen, pfeffern und dann bei mäßiger Hitze 1 ½ Stunden lang köcheln lassen. Nun Kartoffeln, Sellerie, Prinzessbohnen, Tomaten und Möhren hinzugeben und eine weitere halbe Stunde lang köcheln lassen.

Das restliche Öl in einer Pfanne erhitzen und Zwiebeln, Knoblauch sowie das übrige Gemüse darin rösten, bis alles goldbraun angebraten ist. Dann mit in den anderen Topf geben. Mit Rosenpaprika würzen, noch einmal mit Salz und Pfeffer abschmecken und 15 Minuten lang bei milder Hitze köcheln lassen. Vor dem Servieren mit der Petersilie überstreuen und mit Lepinje-Brot servieren (Rezept s. Seite 25).

Đuveč-Reis

Zutaten als Beilage für vier Personen:

ca. 500 g Đuveč (s.o.)
200 g Reis
400 ml Gemüsebrühe
30 g Butter
Salz

Zubereitung:

Den Reis mit Brühe und Đuveč in einen Topf geben, gut umrühren, aufkochen und anschließend bei schwacher Hitze 20 Minuten lang köcheln lassen. Eventuell Gemüsebrühe oder Wasser nachgeben, sollte der Reis zu trocken werden. Zum Schluss mit Salz abschmecken und die Butter unterrühren. Zu gebratenem Fleisch servieren.

Wer mag, kann bei der Zubereitung des Đuveč auch das Fleisch weglassen. Dann die Gemüsebrühe aufkochen und dem Rezept ab der Zugabe der Kartoffeln folgen.

Soll der Đuveč-Reis eine Hauptmahlzeit werden, einfach die Menge verdoppeln. Nach Geschmack kann man auch die zugefügten Gemüsesorten variieren und zum Beispiel statt grünen Bohnen Okraschoten verwenden. Unerlässlich sind aber Zwiebeln, Tomaten, Paprika und Auberginen.

Fantasie und Wirklichkeit – Wege durch Dubrovnik

Sie kommen aus aller Welt. Heute sind in Zlatkos Gruppe Fans aus Korea, Neuseeland und Frankreich, aus Irland, Schweden und aus den USA. Sie hängen ihm an den Lippen, während er sie zu den Drehorten der Erfolgsserie »Game of Thrones« führt.

Seit die Kriege im ehemaligen Jugoslawien zu Ende gegangen sind, kommen Jahr für Jahr mehr Besucher nach Dubrovnik. Denn die Stadt ist nicht nur ausnehmend schön, sie blickt auch auf eine gloriose Geschichte zurück. Jahrhundertelang genoss sie eine bedeutende Stellung als unabhängige Stadtrepublik, die über florierende Handelsbeziehungen mit wichtigen Partnern im Südosten Europas und im Mittelmeerraum verbunden war.

Das heutige Dubrovnik ging aus einer uralten illyrischen Siedlung hervor. Diese befand sich zunächst im westlichen Teil der heutigen Altstadt, der auf einer vom Festland getrennten Insel lag und deshalb guten Schutz bot. In der Antike erhielt der Ort den Namen Ragusa. 20 Kilometer weiter südlich davon existierte die griechische Stadt Epidauros, das heutige Cavtat. Als Epidauros im frühen siebten Jahrhundert durch slawische Eroberer unter Druck geriet, flohen seine Bewohner nach Ragusa.

Die Stadt Epidauros gehörte nun den Slawen, und bald darauf gründeten diese eine neue Siedlung gleich gegenüber von Ragusa am Ufer des Festlands. Sie wählten dazu einen Platz am Fuß des Brdo Srđ, eines 400 Meter hohen Berges, der sich hier erhebt. Heute führt eine Seilbahn dort hinauf, von oben genießt man einen grandiosen Blick auf die Altstadt von Dubrovnik.

Ihre neue Siedlung nannten die Slawen »Dubrava«, das bedeutet »Eichenhain«. Denn in jener Zeit wucherte ein dichter Eichenwald an der Küste. Die Jahre zogen ins Land, und allmählich verstanden sich die neuen Nachbarn immer besser. Aus anfänglicher Skepsis entwickelten sich Handelsbeziehungen, daraus entstanden Freundschaften. Die Familien von Ragusa und Dubrava wuchsen zusammen. Man fühlte sich eng miteinander verbunden, dumm war nur, dass noch immer eine Meerenge Ragusa und Dubrava voneinander trennte.

Da entschloss man sich kurzerhand, diese zuzuschütten. So entstand die Hauptstraße der Stadt, der Stradun. Aus Ragusa und Dubrava wurde Dubrovnik, der ehemals trennende Meeresarm entwickelte sich zum pulsierenden Zentrum der neuen Stadt.

Mächtige Verbündete wie Byzanz halfen Dubrovnik dabei, seine Unabhängigkeit zu wahren. Nur für rund 150 Jahre gelang es der Republik Venedig im späten Mittelalter, die Stadt zu unterwerfen. Nach der Wiedererlangung ihrer Selbständigkeit im Jahr 1358 gründeten die Bürger von Dubrovnik die Republik Ragusa. Sie wählten ihre Regierung jetzt selbst und brachten es in der Folgezeit durch Handel mit dem Osmanischen Reich und den Küstenstädten des Mittelmeers zu enormem Reichtum. Schon 1416 schaffte Ragusa die Sklaverei ab und machte sich so zum Vorreiter für die Menschenrechte in Europa. Ivan Gundulić, der Dichter, neben dessen Denkmal Zlatko und ich unsere Mahlzeit genossen haben, gab der Republik im frühen 17. Jahrhundert ihr Motto. Noch heute sind die Bewohner Dubrovniks stolz darauf: »Für alles Gold in dieser Welt werden wir unsere Freiheit nicht verkaufen.«

Doch im April 1667 erschütterte ein schweres Erdbeben die kroatische Küste. Nie wieder sollte sich Ragusa von der Katastrophe zur Gänze erholen. Die Republik stürzte in eine langwährende Wirtschaftskrise, und nur der Schutz durch die Spanier konnte verhindern, dass sich Venedig das stolze Ragusa erneut einverleibte. Einem Friedensvertrag zwischen Venedig, Österreich und dem Osmanischen Reich aus dieser Epoche ist es geschuldet, dass Dubrovnik heute in einer vom restlichen Kroatien getrennten Exklave liegt. Denn die im Landesinneren lebenden Osmanen erhielten ein schmales Landstück um die Küstengemeinde Neum herum, das ihnen den Zugang zum Mittelmeer sichern sollte.

Mit den napoleonischen Eroberungsfeldzügen und der politischen Neuordnung durch den Wiener Kongress endete die Unabhängigkeit der Republik Ragusa endgültig, Dubrovnik teilt seit dieser Zeit die Geschicke des restlichen Kroatiens.

Was der Stadt aus ihrer bewegten Vergangenheit geblieben ist, sind die architektonischen Zeugen ihres Wohlstands und ihrer historischen Bedeutung. Die gewaltigen Stadtmauern strotzen vor imposanter Wuchtigkeit, sie sind zwischen drei und sechs Meter breit, fast zwei Kilometer lang und komplett erhalten. Der Anblick dieses massiven Bollwerks, das sich wie eine mittelalterliche Trutzburg um die gesamte Altstadt windet, ist wahrhaft beeindruckend. Im Inneren der Festungsanlage reihen sich die altehrwürdigen Wohnhäuser hübsch geordnet dicht aneinander, dazwischen Paläste, Klöster und Kirchen aus allen Epochen seit dem frühen Mittelalter.

Noch gegen Ende des 19. Jahrhunderts trug das Leben in den Gassen von Dubrovnik recht ursprüngliche Züge. Seide,

Leder, Likör und Olivenöl stellten die bedeutendsten Produkte dar, die auf dem stadteigenen Basar angeboten wurden. Dreimal pro Woche erschien eine Karawane aus der Türkei und brachte Schwung in die Handelsgeschäfte.

Als in jener Zeit die allgemeine Reiselust langsam aufzukeimen begann, geriet die schöne und so exotische Stadt deshalb schnell ins Visier der Touristen. Man nannte sie »Perle der Adria«, und schon bald traf sich der internationale Jetset in Dubrovnik. Der irische Schriftsteller George Bernhard Shaw notierte im Jahr 1929, wer den Himmel auf Erden sehen wolle, der müsse nach Dubrovnik kommen.

Die Beliebtheit als Reisedestination hielt auch während der Epoche des sozialistischen Jugoslawiens an. Sie überdauerte sogar den Kroatienkrieg, in dem der Beschuss durch die Jugoslawische Volksarmee und serbisch-montenegrische Streitkräfte der Stadt schwere Schäden zufügte. Davon ist in der hübsch herausgeputzten Altstadt, die seit 1979 von der UNESCO als Weltkulturerbe gelistet wird, aber schon längst nichts mehr zu sehen.

Deshalb lockt Dubrovnik inzwischen weit mehr Urlauber an als je zuvor. Und nicht nur Individualreisende finden den Weg hierher. Nordwestlich der Altstadt liegt in einem neueren Stadtteil der moderne Hafen von Dubrovnik. Kaum eine Kreuzfahrt durch die östliche Adria findet ohne Zwischenstopp in Dubrovnik statt.

Tatsächlich liegen gerade heute sieben riesige Passagierschiffe in diesem Hafen. Dazu hat außerdem noch ein kleineres den Anker in der Bucht vor dem Altstadthafen geworfen und lässt seine Gäste mit Zubringerbooten an Land bringen.

Wirkten die Gassen am frühen Morgen noch fast verwaist und verströmten einen geradezu magischen Charme, so beginnen sie sich gleich nach dem Frühstück zu füllen, bis sie schier hoffnungslos überquellen. Jetzt am Nachmittag ist es ein einziges Schieben und Drängen, und überall ragen die Erkennungsschilder der einzelnen Reiseleiter zwischen dem Meer aus Köpfen in die Höhe. Kein Wunder, dass von den gut 42.000 Einwohnern Dubrovniks nur noch rund 800 hinter den Mauern in der Altstadt wohnen.

»Am besten kommt man im Winter«, hat Zlatko mir erklärt. »Menschenleer ist es natürlich auch dann nie, aber wenigstens nicht ganz so überfüllt.« Zlatko verdient sich seinen Lebensunterhalt schon seit vielen Jahren als Guide. Eines Tages fragte ihn der erste Tourist nach »Game of Thrones«, und als sich derartige Fragen zu häufen begannen, schaute sich Zlatko »GoT« erst einmal an. Auch er wurde vom Serienfieber gepackt, eine wichtige Voraussetzung für seinen heutigen Tätigkeitsschwerpunkt. Denn jetzt führt er Besucher gezielt zu den Drehorten der Serie, und da ist es gut, wenn er sich mit den Charakteren und der Handlung auskennt. Genau darüber wollen die Leute nämlich mit ihm sprechen.

»Ist schon komisch«, sagt Zlatko. »Dubrovnik blickt auf mehr als 2.000 spannende und bedeutsame Jahre zurück, aber erst durch GoT ist es weltweit wirklich berühmt geworden.« So richtig ging es los, als 2013 der originale Eiserne Thron aus der Serie vor dem Sponza-Palast aufgestellt wurde. Im Handumdrehen bildete sich eine Riesenschlange von Touristen vor dem bizarren Möbelstück.

Seit der zweiten Staffel diente Dubrovnik als Kulisse für die Fantasy-Städte Königsmund und Quarth. Aufgrund seines atmosphärisch dichten mittelalterlichen Bildes, vor allem aber wegen seiner kolossalen Mauern löste es damals Malta als Drehort ab. Solange die Serie noch nicht abgedreht war, fiel das Filmteam mit schöner Verlässlichkeit im Herbst in Dubrovnik ein, sehr zum Leidwesen all jener, die in solchen Zeiten zur Stadtbesichtigung aufbrachen und sich vor gesperrten Straßen wiederfanden.

Und obwohl Dubrovnik in der Serie durch Computertechnik stark verändert und vor allem enorm vergrößert wurde, kommen Scharen von Fans aus aller Welt, um die Originalschauplätze zu bestaunen. Sie stürmen die nördlich der Mauer gelegene Festung Lovrijenac, die als »Roter Bergfried« diente, und den Gradac-Park gleich daneben, in dem die königliche Hochzeit zwischen Joffrey und Lady Margaery gedreht wurde. Sie drängen sich in die kleine Bucht vor dem Pile-Tor, wo Sansa Stark sich mit Kleinfinger traf, sie reihen sich klaglos in die dichte Menschenschlange ein, die sich über die Stadtmauern schiebt. Dort oben posieren sie dann für ein Selfie vor dem Minčeta-Turm, an der gleichen Stelle, wo Drachenmutter Daenerys in Quarth ihre Schützlinge suchte.

Bedächtig schreiten sie wie Cersei Lannister auf ihrem »Walk of Shame« die Treppe vor der Jesuitenkirche hinab, die nach dem großen Erdbeben von 1667 als Miniaturversion der Spanischen Treppe von Rom entstand. Heute werden hier Hochzeitsbilder geknipst, und die eingefleischtesten Freaks klingeln wie in der Serienepisode mit Glöckchen und rufen: »Shame!« Dann eilen sie zielstrebig weiter zu all den anderen Ecken der Stadt, an denen Dreharbeiten stattfanden. Man könnte meinen, dass sie ein kollektiver Wahn erfasst habe.

»Etwas Besseres hätte uns nicht passieren können«, konstatiert Zlatko zufrieden. Der Tourismus boomt, GoT hat Dubrovnik zur reichsten Stadt Kroatiens gemacht. Die Fans kommen aus ganz Europa, aus Amerika, Asien, Australien und Neuseeland. Weil sie längst einen Großteil der Stadtbesucher ausmachen, prägen nicht mehr bloß kulturbeflissene ältere Herrschaften mit Baedeker in der Hand das Bild, sondern vielmehr fröhliches Gewusel und Getümmel von jungen Leuten.

Zwei bis vier GoT-Führungen veranstaltet Zlatko in der Sommersaison an jedem Tag. Seine Touren sind oft schon lange im Voraus über das Internet ausgebucht, und das, obwohl er nicht der einzige Spezialist ist, der solche Touren anbietet. Andere verdienen ihr Geld mit Boots- und Ausflugsfahrten, in der Gastronomie oder in den vielen Läden, die neben den üblichen Souvenirs natürlich alle erdenklichen Fan-Artikel bereithalten. Und wenn die Drehsaison herrschte, dann fanden sich allerlei gut bezahlte Jobs als Helfer für die Aufnahmecrew.

Wird sich das ändern, wo doch die Serie 2019 zu Ende gegangen ist? Zlatko lacht nur. Darüber macht er sich keine Sorgen. »Das Serienfieber wird auch darüber hinaus noch anhalten«, da ist er sicher. »Die Menschen lieben Geschichten, und große Geschichten werden heutzutage nun einmal auf der Leinwand beziehungsweise auf dem Bildschirm erzählt. In der Filmbranche hat es sich inzwischen herumgesprochen, dass Dubrovnik eine einzigartige Szenerie zu bieten hat. Nach den Machern von Game of Thrones werden andere kommen.« Doch mit dem Riesenrummel soll es trotzdem besser werden. Seit 2019 dürfen nur noch zwei Kreuzfahrtschiffe gleichzeitig im Hafen von Dubrovnik liegen. Die Zahl der täglichen Besucher soll sich durch diese Maßnahme von 10.000 auf nur noch die Hälfte dezimieren und den Stadtbummel dadurch für alle wieder attraktiver machen.

Als wir uns schon verabschiedet haben, dreht Zlatko sich noch einmal um. »Kroatien ist wunderschön, charmant und charismatisch. Deshalb ist es als Filmstar geradezu prädestiniert. Besonders die Deutschen wissen das doch schon lange. Spätestens, seit Winnetou durch das Land der Apachen geritten ist!«

Rožata – Karamellpudding aus Dubrovnik

Zutaten für vier Personen:

5 Eier
200 g Zucker
400 ml Milch
1 Vanilleschote
30 g Mandelblättchen
10 ml Rum
4 Spritzer Rosenwasser (erhältlich in türkischen Läden)
Salz
eventuell 30 g kandierte Pomeranzenschalen in Streifen (»arancini«, eine Spezialität aus Dubrovnik. Falls nicht erhältlich, einfach weglassen oder durch frische Beeren ersetzen)

Zubereitung:

Die Milch in einen Topf geben, die Vanilleschote längs aufschneiden, das Mark in die Milch kratzen und die Schote hinzugeben. Nun langsam erhitzen und 20 Minuten ziehen lassen, nicht aufkochen. Danach abkühlen lassen.

In der Zwischenzeit die Eier in einer Schüssel mit 80 g Zucker, dem Rosenwasser und einer Prise Salz kräftig verquirlen.

Die Vanilleschote aus dem Milchtopf entfernen und die Milch zu der Eiermischung laufen lassen, dabei mit einem Holzlöffel langsam und vorsichtig umrühren, sodass kein Schaum auf der Oberfläche entsteht.

Vier ofenfeste Förmchen bereitstellen. Den restlichen Zucker in einer Pfanne hellbraun karamellisieren lassen und auf Boden und Seitenwänden der Förmchen verteilen, dann die Eier-Milch-Mischung hineinfüllen. Die Förmchen in eine große, halb mit Wasser gefüllte Backform stellen und in den auf 150°C vorgeheizten Backofen schieben. Ca. 40 Minuten lang backen, dann mit dem Rum beträufeln, abkühlen lassen und über Nacht in den Kühlschrank stellen.

Vor dem Servieren die Mandelblättchen in einer Pfanne ohne Fett rösten, bis sie goldbraun sind und duften. Die Rožata auf Dessertteller stürzen, mit den Mandelblättchen bestreuen und mit den Arancini dekorieren. Falls diese nicht verfügbar sind, passen auch frische Beeren hervorragend dazu.

Turska kava – kroatischer Kaffee auf türkische Art

Zutaten für vier Tässchen:

4 Tl sehr fein gemahlenes Kaffeepulver
Zucker
ein kleines Metallkännchen mit Stiel (»dzezava«)

Zubereitung:

Wasser in der Füllmenge von 4 Espresso- oder Mokkatässchen in das Metallkännchen geben und aufkochen. 3 Tl des Wassers in ein Tässchen geben und beiseitestellen. Das Kaffeepulver in das Kännchen geben und köcheln, bis der Kaffee an die Oberfläche steigt. Dann sofort vom Herd nehmen, das beiseitegestellte Wasser hinzugeben und erneut auf den Herd stellen, bis das Pulver aufsteigt. Vom Herd nehmen und kurz ruhen lassen, damit das Pulver zu Boden sinkt, dann in die Tässchen füllen und nach Geschmack zuckern.

Helden in der Wildnis – Winnetou erobert den Karst

Das Licht geht aus, der Vorhang öffnet sich. Schon erfüllt von Pathos getragene Musik den Kinosaal, orchestrale Streicherklänge steigern sich zu einem mitreißenden Melodienbogen. Auf der Leinwand erscheint die endlose Weite einer kargen Landschaft, mageres Grün und hohe Berge, deren helle Felsen unter einem strahlend blauen Himmel leuchten.

Und dem Publikum geht das Herz auf. Denn dort sieht man sie reiten: Winnetou und Old Shatterhand, die Helden aus den meistgelesenen deutschen Abenteuergeschichten aller Zeiten. Endlich sind sie den Buchseiten entstiegen, leibhaftig, schneidig und ganz prächtig anzuschauen.

Das glorreiche Paar schenkte seinen Zuschauern eine Illusion dessen, was die Menschen in der Trostlosigkeit und der emotionalen Leere der Nachkriegszeit vermissen mussten: Die Verheißung eines Neubeginns in einem Land der unbegrenzten Möglichkeiten, wo niemand danach fragt, woher du kommst und wer du zuvor warst. Der tapfere und rechtschaffene Deutsche kämpft an der Seite des edlen Wilden gegen das Unrecht in der Welt, und immer siegt am Ende verlässlich das Gute über das Böse, allen Widernissen zum Trotz. Diese simpel gestrickte Mär traf in jener Zeit mitten ins Ziel, denn die Menschen sehnten sich nach einer leicht verständlichen Welt mit strahlenden Helden. Solch tapfere, aufrechte Recken konnten souverän die Last alter Schuld abschütteln und weit hinter sich zurücklassen. Der Erfolg des Films war sensationell, und die Legende lebt bis zum heutigen Tag.

Betrachtet man die Hintergründe, so gingen die Produzenten kein allzu großes Risiko ein, als sie sich 1962 dazu entschlossen, den Karl-May-Roman »Der Schatz im Silbersee« zu verfilmen. Der Streifen war nach nur zwei Monaten im Kasten, und schon vier Monate nach Drehbeginn feierte er kurz vor Weihnachten seine Premiere im Kino. Dabei hatten die Filmausstatter allerhand geleistet, nicht nur eine Farm, sondern darüber hinaus ein Lager zwielichtiger Halunken – der Tramps – und sogar eine ganze Westernstadt aus dem Boden gestampft. Doch für die so amerikanisch anmutende Wildnis und die fast überirdische Schönheit der Seen und Wasserfälle brauchten sie nicht zu sorgen. Denn beides fanden sie im Dinarischen Karst.

Die Entscheidung für den Drehort fiel nicht schwer. Schon seit geraumer Zeit existierte im damaligen Jugoslawien eine Produktionsfirma, die sich auf Außenaufnahmen im Dinarischen Gebirge spezialisiert hatte. Die menschenleere Bergwelt mit ihren weiten Ebenen, ihren Felsen, Höhlen und jählings aufsteigenden Gipfeln drängte sich als Kulisse für die damals so beliebten Sandalenfilme geradezu auf. Was sprach also dagegen, sie zur Abwechslung auch mal zum Land der Apachen umzufunktionieren? So entstand bei der Hafenstadt Rijeka die Farm der braven Mrs. Butler, die von Überfällen durch finstere Halunken bedroht ist. Im etwas südlicher bei Zadar gelegenen Nationalpark Paklenica mit seinen rauen Karstfelsen und tiefen Schluchten wurde das Westernstädtchen Tulsa errichtet, gleich nebenan das Lager der Tramps.

Doch was ein richtiger Silbersee sein will, das braucht natürlich in erster Linie Wasser. Welch ein Glück, dass die jugoslawischen Location-Scouts da einen ganz besonderen Trumpf in der Hinterhand hatten: die Plitvicer Seen. Wie mag das deutsche Aufnahmeteam über dieses Naturwunder gestaunt haben! Als seien sie von Feenhand dahingezaubert, ergießen sich unzählige Wasserfälle in eine Kaskade von Seen, und wo eben noch dürre Karstlandschaft vorherrschte, da öffnet sich plötzlich ein wahrer Dschungel aus üppig wucherndem Grün. Dieses einzigartige Naturparadies inmitten der Einsamkeit des Dinarischen Gebirges kannte jenseits von Kroatien zur damaligen Zeit noch fast kein Mensch, ein Zustand, der sich inzwischen grundlegend geändert hat. Und den entscheidenden Impuls dazu gaben nicht zuletzt die deutschen Karl-May-Verfilmungen aus den Sechzigerjahren.

Die Plitvicer Seen wurden schon 1949 zum Nationalpark erklärt, was sie zum ältesten Nationalpark Südosteuropas macht. Als eines der ersten Naturdenkmäler überhaupt nahm die UNESCO sie 1979 als Weltnaturerbe auf. Sie sind mit knapp 300 Quadratkilometern Fläche Kroatiens größter Nationalpark und befinden sich 55 Kilometer von der Adriaküste entfernt in Mittelkroatien nahe der Grenze zu Bosnien-Herzegowina.

Die 16 Plitvicer Seen reihen sich in Fließrichtung abwärts dem Gefälle folgend aneinander. Sie werden durch einige kleine Karstflüsse gespeist, manche erhalten ihr Wasser auch zusätzlich durch unterirdische Zuflüsse. Barrieren aus Travertin-Sediment sorgen dafür, dass das Wasser in den einzelnen Becken zu relativ flachen Seen aufgestaut wird. Die Ablagerungen entstehen durch ein Zusammenspiel von gelöstem Kalk mit Wasserpflanzen, Algen und Bakterien immer wieder aufs Neue. So kommt es, dass die natürlichen Staudämme der Erosionskraft des Wassers trotzen und dieses sich in zahllosen kleineren und einigen größeren Wasserfällen seinen weiteren Weg suchen muss.

Insgesamt 19 kleine Siedlungen befinden sich im Bereich der Plitvicer Seen, sie alle gehören zur Gemeinde Plitvička Jezera. Die Macher von »Der Schatz im Silbersee« erklärten die Bewohner dieser Dörfer kurzerhand zu Indianern und ließen sie als Statisten im Film auftreten. Heute haben die Leute andere Einnahmequellen für sich erschlossen, denn inzwischen finden alljährlich rund eine Million Besucher den Weg zum Nationalpark Plitvicer Seen. Obwohl sie Eintritt zahlen und sich an strenge Auflagen halten müssen, wollen sie es nicht versäumen, auf den Spuren Winnetous über die befestigten Wege des Naturparadieses zu wandeln. Auf keinen Fall dürfen sie sich den See Kalučerovac entgehen lassen, der in 505 Metern Höhe liegt und zu den vier unteren Seen zählt. Er mimte nämlich den sagenhaften Silbersee, an seinem Ufer befindet sich eine kleine Höhle, die als Versteck des Schatzes diente.

Noch zwingender ist es für Fans der Karl-May-Filme aber, den zu den oberen Seen gehörenden Galovac in 585 Metern Höhe aufzusuchen, denn hier entstanden die dramatischen Schlussszenen des Films zu Füßen des Wasserfalls Galovački buk. Unvergessen ist das Bild von Pierre Brice im schicken Indianer-Outfit, wie er mit kampfentschlossener Pose Winnetous berühmte Silberbüchse in den Händen hält. Und der tosende Wasserfall im Hintergrund unterstreicht dabei die Dramatik der Szene.

Doch nicht nur nostalgische Erinnerungen an Winnetou und Konsorten machen den Besuch im Nationalpark Plitvicer Seen zu einem Erlebnis. Die besonderen klimatischen Bedingungen mit hoher Luftfeuchtigkeit, ergiebigen Regenfällen und schützenden Berghängen haben eine einzigartige Tier- und Pflanzenwelt hervorgebracht. Weil zudem seit jeher nur wenige Menschen in diesem Gebiet lebten, außerdem große Städte und Fabriken mit Lärm, Schmutz und Abgasen in weiter Ferne liegen, hat sich die Landschaft eine fast völlig unberührte Ursprünglichkeit bewahren können. 75 der hier vorkommenden Pflanzenarten sind dem Nationalpark endemisch, existieren also nirgends sonst auf der Erde. Zu seinen 50 Säugetiergattungen zählen Braunbär, Wolf und Luchs, dazu gesellen sich seltene Eidechsen, Schlangen, Schildkröten und unzählige Fledermäuse in 20 verschiedenen Varianten. Es gibt 157 Vogelarten, außerdem Flusskrebse, etliche Fische und natürlich – ganz im Verborgenen – auch Grottenolme. Von den Schmetterlingsarten des Parks wurden bisher 321 voneinander unterschieden, Forscher vermuten aber, dass diese nur die Hälfte der vorkommenden Falterspezies ausmachen.

Es ist also ein wahrhaftiger Garten Eden. Kein Wunder, dass die deutschen Filmemacher diese Landschaft auch für die Fortsetzung ihres Winnetou-Projekts ins Auge fassten. Denn nach dem außerordentlichen Erfolg von »Der Schatz im Silbersee« wollten sie nichts anbrennen lassen, schon knapp ein Jahr nach Beginn der Dreharbeiten ging es mit »Winnetou 1« weiter.

Pierre Brice, Lex Barker und alle anderen Crewmitglieder bezogen das Hotel Zagreb in der Küstenstadt Zadar. Ganz in der Nähe ragt der Gebirgszug Velebit mit seinen markanten Gipfelformationen empor. Der Name bedeutet »großes Wesen«, und das ist eine naheliegende Assoziation, denn viele der Bergkämme wirken wie die stachligen Rücken urzeitlicher Saurier. Um das Bergmassiv reiht sich entsprechend eine Vielzahl von Volksmythen. Uralte Geschichten erzählen von der zu nächtlicher Stunde hier tanzenden Víla, einer bildschönen Nymphe mit langem, wehendem Haar und ätherisch durchscheinendem Leib. Zwar kann sie sich in Tiere wie Pferde oder Schwäne verwandeln, aber unweigerlich muss sie sterben, sobald sie auch nur ein einziges ihrer Haare verliert.

Im Winnetou-Film starb freilich keine feenhafte Víla, doch nicht minder tragisch war es, dass die schöne Nscho-tschi zu Füßen des Gipfels Tulove Grede im Velebit-Gebirge ihr Ende fand. Eine Passstraße führt an diesem Berg vorbei, allerdings ist es heute dringend geboten, den Weg unter keinen Umständen zu verlassen. Denn das Gebiet um den Tulove Grede ist im Jugoslawienkrieg vollständig vermint worden, und wenn auch die Wiesen entlang der Straße und die Drehorte im Gipfelbereich inzwischen geräumt sind, so besteht abseits davon noch immer höchste Lebensgefahr.

Nicht weit von Zadar liegt auch der Karstfluss Zrmanja im Velebit-Gebirge. Auf dem Hochplateau Pariževačka glavica, das schroff zu diesem Fluss hin abstürzt, entstand das Pueblo der Apachen, die Heimat Winnetous. Das Bild der Filmhelden vor diesem Abgrund und dem smaragdgrün schillernden Wasser in der Tiefe avancierte zum Klassiker.

Bevor Winnetous Schwester Nscho-tschi ihr trauriges Ende ereilen konnte, musste allerdings noch eine romantische Szene zwischen der Indianerin und dem edelmütigen Old Shatterhand auf Zelluloid gebannt werden. Nscho-tschis späterer Tod stellte für Karl May die unausweichliche Lösung aus dem schweren Dilemma dar, das die Liebelei zwischen ihr und Old Shatterhand für den Fortgang der Geschichte aufwarf. Denn natürlich war es in Karl Mays Gedankenwelt völlig unvorstellbar, dass der deutschstämmige Held seiner Romane eine rothäutige Wilde zur Partnerin wählen könnte. Bei aller zur Schau gestellten ethnischen Toleranz verbot das der rassistische Standesdünkel seiner Zeit aufs Allerschärfste.

Für den zukunftslosen Flirt der beiden wählte der Regisseur als Szenerie dieses Mal nicht die liebliche Landschaft der Plitvicer Seen, sondern die dalmatinischen Krka-Fälle. Der Fluss Krka stürzt auf seinem Weg hinab zur Adria in zahlreichen kleineren und acht großen Wasserfällen hinab. Einige davon durchfließen dabei etliche Kaskaden und geben mit den so entstehenden Schleiern ein ausgesprochen malerisches Bild ab. Ein Gutteil dieser Landschaft ist seit 1985 ebenfalls im Rahmen eines Nationalparks geschützt, inzwischen zählt er zu den beliebtesten Ausflugszielen der Region.

Denn neben seiner Schönheit und seiner artenreichen Pflanzen- und Tierwelt, zu der eine der größten Fledermauskolonien Europas zählt, hat der Krka-Nationalpark auch einen kulturellen Schatz zu bieten. Auf der kleinen Insel Visovac befindet sich in einem der Krka-Seen ein Franziskanerkloster aus dem 15. Jahrhundert, das sich mit pittoresker Schönheit zwischen den Bäumen des Klostergartens aus dem silbrig-blau spiegelnden See erhebt. Das Inselchen haben die Mönche um einen aus dem flachen Wasser ragenden Kalkfelsen herum erschaffen, indem sie Erde aufschütteten und diese durch ein Mauerwerk schützten. In ihrem Refugium bewahrten sie Bücher, Gemälde, Messgewänder und Votivgaben die Jahrhunderte hindurch, zu den größten Schätzen der Abtei gehört eine Abschrift der Fabeln des altgriechischen Dichters Äsop aus dem 15. Jahrhundert.

Doch das Techtelmechtel zwischen Old Shatterhand und Nscho-tschi fand nicht vor der Kulisse dieses Klosters statt, sondern vielmehr am Skradinski Buk, einem Kaskadenwasserfall bei der kleinen Stadt Skradin. Auch Skradin blickt auf eine bewegte Geschichte zurück, es zählt zu den ältesten Städten Kroatiens. Und seine Flusslandschaft begeisterte die Filmemacher so sehr, dass hier später auch Szenen des Streifens »Der Ölprinz« entstanden.

Die Karl-May-Verfilmungen schrieben eine derart grandiose Erfolgsgeschichte, dass sie fast schon nach weiteren Fortsetzungen schrien. Und wo sonst konnte man diese Filme drehen, wenn nicht in den imposanten Landschaften des Karstgebirges von Kroatien? Denn in den Augen des deutschen Publikums waren diese längst schon zum typischen Land der Apachen mutiert.

Juha od graha – kroatische Bohnensuppe

Zutaten für 4 Personen:

300 g getrocknete weiße Bohnen
4 Möhren
2 Zwiebeln
1 rote Paprika
250 g Paprikasalami am Stück
50 g Tomatenmark
3 Knoblauchzehen
1 El Vegeta (s.u.)
½ Bd. Blattpetersilie
1 El Mehl,
2 El Rosenpaprikapulver
4 El Olivenöl
Salz
Pfeffer

Zubereitung:

Die Bohnen über Nacht in einem Topf mit 1 ½ l ungesalzenem Wasser einweichen. Am nächsten Tag den Topf auf den Herd stellen, aufkochen lassen und 1 ½ Stunden lang bei mittlerer Hitze köcheln lassen, noch nicht salzen. Die Paprikasalami in ca. ½ cm dicke Stücke schneiden und nach 1 Stunde Kochzeit hinzugeben. Zwiebeln und Knoblauchzehen schälen, Möhren und Paprika putzen und alles würfeln. Das Öl in einer Pfanne erhitzen und das Gemüse darin anbraten, bis es leicht gebräunt ist. Das Mehl darüberstäuben und mit ½ l Wasser ablöschen, die Vegeta hinzugeben, verrühren und anschließend alles mit in den Bohnentopf geben.

Rosenpaprika und Tomatenmark einrühren, mit Salz und Pfeffer abschmecken. 20 Minuten lang köcheln lassen. Sollte mehr Flüssigkeit benötigt werden, eventuell noch etwas Wasser hinzugeben. Die Suppe soll aber recht sämig sein. Die Petersilienblättchen abzupfen, fein hacken und vor dem Servieren über die Suppe streuen.

Vegeta ist eine Gewürzmischung der kroatischen Firma Podravka. Sie ist in mehr als 30 Ländern – auch in Deutschland – erhältlich und besonders in der Küche Osteuropas, aber zum Beispiel auch in der Türkei beliebt. Vegeta besteht aus Salz, Kräutern und Glutamat, seit 2006 ist auch eine Sorte ohne Glutamat erhältlich. Die Zugabe von Vegeta wirkt in Speisen geschmacksverstärkend.

Meeresmusik und Sonnentanz – das Wunder von Zadar

Seit mehr als 30 Jahren existiert das Hotel Zagreb an der Uferpromenade von Zadar nicht mehr. Wohl gibt es noch das stattliche Gebäude, in dem einst Winnetou, Old Shatterhand und deren Team während der Dreharbeiten logierten. Es steht symbolhaft für die großen Hoffnungen und Träume, die man in Kroatien um die vorletzte Jahrhundertwende herum hegte.

Geradezu sprunghaft wuchs die Reiselust der Europäer zu jener Zeit, und die meist gut betuchten Gäste verlangten nach standesgemäßen Unterkünften. Warum sollten wir nicht auch ein Quäntchen von deren Reisebudget abbekommen, fragte man sich in Zadar. Schließlich ist die alte Stadt außergewöhnlich schön, wie sie gerahmt von den markanten Gipfeln des hohen Karstgebirges, der blau strahlenden Adria und den zahlreichen Inseln der Kornaten unter der mediterranen Sonne liegt.

So entstand direkt am Ufer ein edles Hotel im neu erbauten Jugendstilpalast eines Grafen, ausgestattet mit kostbarem Mobiliar und allem zeitgemäßen Komfort. Die brandneue Luxusherberge erhielt den Namen »Bristol«, denn die zahlungskräftige britische Oberschicht stand im besonderen Fokus des damaligen Hotelbetreibers, der ungarisch-kroatischen Dampfschiffgesellschaft. Die 44 eleganten Zimmer wurden mit üppigen Stoffen, Keramiken und gläsernen Accessoires im Wiener Sezessionsstil eingerichtet, letzter Schrei für den gehobenen Geschmack am Fin de Siècle.

Jeder Raum bot selbstverständlich exzellenten Meerblick, und im Parterre standen den hohen Herrschaften fünf Säle zur Verfügung, allesamt in hellen Grüntönen gehalten und üppig mit goldenen Schnörkeln und glitzernden Spiegeln verziert. Zur Eröffnung im Jahr 1902 erschien die Hautevolee der Stadt und bewunderte das Prachtstück gebührend.

Doch die Freude währte nur bis zum Ersten Weltkrieg, der den gerade erst erwachten Reiseboom im Keim erstickte. Nach dem Krieg kam Zadar vorübergehend unter italienische Verwaltung. Diese wollte zwar an die Geschäfte des Vorkriegstourismus durchaus anknüpfen, fand aber den Namen »Bristol« äußerst unpassend.

Die Nobelherberge hieß stattdessen nun »Excelsior«, jedenfalls so lange, bis sich mit dem Zweiten Weltkrieg schon wieder alles änderte. Von allen Repräsentationsbauten an Zadars Uferpromenade überstanden nur drei die schweren Bombenangriffe auf die Stadt, darunter glücklicherweise das edle Hotel. Und wo ihr Haus nun schon der Zerstörung getrotzt hatte, wagten die Hotelbesitzer nach Kriegsende frischen Mutes einen neuen Anfang. Dazu entschieden sie sich für den Namen der kroatischen Hauptstadt und tauften das vornehme Domizil auf den Namen »Zagreb«. Vielleicht geschah dies auch ein bisschen aus Trotz gegenüber den ungeliebten Italienern, deren anmaßende Herrschaftsansprüche nun ein für alle Mal abgeschüttelt waren.

Es schien, als sei dies ein positiver Impuls für einen furiosen Start in die Zeit der großen Reisewelle. Noch in den Sechzigerjahren genoss das Haus einen außerordentlichen Ruf. Nicht nur die deutschen Filmleute stiegen hier ab, aus dem fernen Hollywood traf im Frühling 1964 Alfred Hitchcock persönlich ein und bezog das Zimmer 204. Ergriffen stand er an seinem Fenster, als abends die Sonne allmählich gen Westen sank und dabei ein Füllhorn von zarten Nuancen aus Rosa und hellem Blau über das Meer, den Himmel und die vorgelagerte Inselgruppe des Kornaten-Nationalparks ausschüttete. »Zadar hat den schönsten Sonnenuntergang der Welt, schöner sogar als der in Key West in Florida, wo man jeden Abend dazu applaudiert«, sprach der Altmeister des Thrillers und schenkte der Stadt damit ein überschwängliches Lob, mit dem sie sich noch heute gerne rühmt.

Die wunderbaren Sonnenuntergänge sind geblieben, doch das Hotel hat die Veränderungen, die der Massentourismus und die steigenden Ansprüche an modernen Komfort mit sich brachten, nicht überstanden. Es wurde eines Tages geschlossen. Dass Zadar heute trotzdem von vielen Reisenden besucht wird, liegt nicht nur am städtischen Kreuzfahrtanleger, sondern vor allem an den historischen Bauschätzen. Denn Zadar hat eine Menge zu bieten.

Die auf einer schmalen Landzunge gelegene Altstadt ist vom venezianischen Baustil geprägt und zeugt damit von der jahrhundertelangen Herrschaft der Seerepublik Venedig über das dalmatinische Zadar. Von der ständigen Bedrohung, die während dieser Epoche durch die Osmanen im Hinterland bestand, erzählen noch heute die mächtigen Befestigungsmauern. Doch Zadar birgt auch die Spuren des Alten Rom. Als vornehme Siedlung römischer Bürger trug die Stadt den Namen Iadera und prunkte mit Kapitol, Tempeln, Thermen sowie Aquädukten. Noch heute kann man das Forum und etliche Säulen bewundern. In späterer Zeit gesellten sich einige bemerkenswerte Sakralbauten hinzu, von denen die Rundkirche Sankt Donatus aus dem neunten Jahrhundert einer der beachtlichsten ist. Sankt Donatus gilt als besterhaltenes Bauwerk aus altchristlicher Zeit in ganz Kroatien. Obwohl Zadar in seiner langen Geschichte immer wieder besetzt, geplündert und zerstört wurde, ist es dennoch eine Schatzkiste voller herrlicher Juwelen aus den Epochen der Antike, des Mittelalters und der Renaissance. Hindurch ziehen sich mit weißem Granit gepflasterte Altstadtgassen, und beschauliche Plätze laden zum Verweilen ein.

Als es langsam Abend wird, haben wir unseren Stadtrundgang beendet und schlendern nun an der langgezogenen Küstenpromenade entlang. Hier wollen wir die Eindrücke, die wir gesammelt haben, mit einem Sonnenuntergang abrunden. Vielleicht, wer weiß, wird es uns wie Alfred Hitchcock ergehen, und auch uns ergreift eine besondere Hochstimmung.

Ein glanzvolles Farbenspiel läutet den Abend hier am Ufer der Adria ein, und es scheint mir fast, als erklinge tatsächlich eine Melodie aus dem faszinierenden Fluidum, das diese einzigartige Stimmung erzeugt. Verwundert bleibe ich stehen und lausche. Es ist keine Täuschung. Eigenartige Spährenklänge erfüllen die milde Luft des Sommerabends, doch nirgends ist ein Musikant zu sehen, der diese mystischen Töne einem geheimnisvollen Instrument entlockt. Nur eine Menschenmenge sammelt sich direkt am Ufer, um genau wie ich diesem scheinbar so unerklärlichen Konzert zu lauschen.

Und dabei liegt er doch direkt zu meinen Füßen, der mysteriöse Musiker! Es ist nämlich niemand anderes als das lichtblau schimmernde Meer, das mit tiefen Seufzern eine fremdartige Weise singt, während die sinkende Sonne einen goldflirrenden Glitzerhauch auf die Kronen seiner sanften Wellen zaubert. Wie ist das möglich, wer hat dem Meer eine Stimme gegeben?

Nach ihrer Zerstörung im Zweiten Weltkrieg erhielt die Uferanlage vor der Altstadt von Zadar ein befestigendes Bollwerk aus Beton. Das erfüllte zwar seinen Zweck, doch bot es keinen besonders reizvollen Anblick. Entsprechend gering wirkte es sich auf die Anziehungskraft der städtischen Adriaküste aus. Niemand kam gerne hierher, und deshalb sah man auch viele Jahre lang keinerlei Notwendigkeit, das verunstaltete Ufer zu pflegen. Düster, schmuddelig, vereinsamt und unansehnlich dümpelte die Promenade vor sich hin.

Doch nach der Jahrtausendwende begannen die Stadtväter sich Gedanken über eine Neugestaltung zu machen. Nahe der Altstadt planten sie die Einrichtung einer Anlegestelle für Kreuzfahrtschiffe, sollte man etwa deren Passagiere mit diesem hässlichen Schandfleck begrüßen? Stattdessen müsste man die Gäste doch vielmehr dazu einladen, an der Küste Platz zu nehmen und die Schönheit der Adria zu bewundern!

So kam es, dass der kroatische Architekt Nikola Bašić mit der Neugestaltung der Uferpromenade beauftragt wurde. Er machte sich viele Gedanken darüber, wie er wohl aus dem hässlichen Entlein einen schönen Schwan erschaffen könnte. Der bleigraue Beton musste hellem Naturstein weichen, und zur Wasseroberfläche hinab sollten Stufen führen, so dachte sich Bašić. Auf diesen Stufen könnte man vielleicht ein Sonnenbad nehmen, und zur Abkühlung zwischendurch brauchte man einfach nur weiter über die Stufen abwärts ins klare Wasser hineinzusteigen. Am Abend könnten die Menschen dort verweilen und den vielgepriesenen Sonnenuntergang bestaunen. Auf diese Art, so Bašićs Gedanke, ließe sich eine Symbiose aus Meer und urbanem Leben erschaffen.

Doch seine Geldgeber teilten Bašićs Begeisterung für diese Idee keineswegs. Die Stufen taten sie kurzerhand als unsinnig ab. Denn erstens seien diese nicht typisch für Küstenbefestigungen an der Adria, und zweitens bestünde ja die Gefahr, dass die Leute, statt gepflegt am Ufer zu lustwandeln, versehentlich ins Wasser plumpsten!

Doch Bašić war in seinen Plan vernarrt. Um jeden Preis wollte er die Bauherren von der Einzigartigkeit seines Projekts überzeugen. So begann er, zu argumentieren. »Es wird ein Ort von außergewöhnlicher Individualität sein, meine Damen und Herren! Die Menschen werden begeistert sein, gerade weil sie einen derartigen Platz sonst nirgends an der Adria finden!« Er rang um Worte. »Nun stellen Sie sich vor, wie sie dort sitzen, wie der Wind sie umweht und wie die Wellen gegen die Stufen schlagen, stellen Sie sich allein diese berauschende Geräuschkulisse vor, und dann…« Mitten im Satz verstummte Bašić. Er sagte später, dass es ihn in diesem Moment wie ein Donnerschlag getroffen habe. Klänge, das war die Idee! Eine Musik, die Natur und Mensch zusammenbringt! An der neuen Promenade sollte das Meer für die Menschen singen. Und so entstand das Projekt der Meeresorgel von Zadar.

Gemeinsam mit einem Akustiker und einem Meereshydrauliker entwickelte Bašić ein 70 Meter breites System aus 35 Rohren in unterschiedlicher Länge und Breite. Die Enden der Rohre sind mit Pfeifen bestückt, in die vorderen Öffnungen hingegen wird durch die Kraft der Wellen Luft hineingedrückt. Ein unter Wasser liegender Resonanzgang verstärkt dabei die Wirkung des Klangs. Dieses gewaltige Rohrinstrument montierte Bašić unter den Stufen seiner Promenade. In die einzelnen Stufen und den darüberliegenden Fußweg ließ er Öffnungen einbringen, aus denen der Klang hervortönen kann. Je nach Kraft der Wellen ergibt sich eine ganz unterschiedliche Wirkung, die Bandbreite liegt zwischen leisem Summen und symphonischer Imposanz.

Mit diesem akustischen Kunstwerk hat Bašić der Stadt Zadar eine einzigartige Attraktion geschenkt. Sie trug ihm diverse Auszeichnungen ein, wie zum Beispiel den »Europäischen Preis für einen städtischen öffentlichen Raum«, der ihm

2006 in Barcelona verliehen wurde. Seit der Eröffnung der Meeresorgel verzeichnet Zadar Jahr für Jahr mehr Besucher. Besonders an den strahlenden Sommertagen füllen sich die Stufen der Orgel mit Reisenden aus aller Welt, die hingerissen der rätselhaften Wassermusik lauschen. Schnell ist das Meeresinstrument zum beliebtesten Treffpunkt und zum Hauptanziehungspunkt von Zadar geworden, die einst so hässliche Uferpromenade hat sich zum prachtvollen Schmuckstück gemausert.

Seine geniale Idee trug Bašić einen weiteren Auftrag ein: Gleich neben der Meeresorgel schuf er noch ein künstlerisches Meisterwerk, den »Gruß an die Sonne«. Wie ein Amphitheater fügen sich mehr als 300 Glasplatten zu einem 22 Meter durchmessenden Kreis zusammen, der in das Steinpflaster der Promenade eingelassen ist. Um dieses Rund scharen sich auf steinernen Quadern die Planeten unseres Sonnensystems, ganz als huldigten sie ihrem zentralen Stern. Denn in die Glasplatten integrierte Solarzellen speichern tagsüber die Sonnenenergie, mit deren Kraft sie bei Einbruch der Dämmerung ein ornamentales Wechselspiel aus farbigem Licht und geometrischen Figuren eröffnen. Die Effekte folgen dabei dem Klang der Meeresorgel, und weil der »Gruß an die Sonne« begehbar ist, fühlt man sich wie auf der Tanzfläche einer futuristischen Sternendiskothek. Jeder Regisseur von Science-Fiction-Filmen hätte seine Freude daran, und doch ist es nichts als das natürliche Spiel von Sonne, Wind und Wellen, übersetzt in eine künstlerische Sprache.

Die Küstenpromenade mit ihren faszinierenden Installationen ist endlich aus dem Dornröschenschlaf erwacht. Und wer weiß. Vielleicht wird auch das alte Hotel Zagreb bald in neuem Glanz erstrahlen. Es heißt, dass der Besitzer des Prachtbaus und die Stadt Zadar an einer Einigung über die erneute

Nutzung als Hotel arbeiten. Wenn die Gäste des Hauses dann am Abend aus ihrem Fenster schauen, werden sie sich wie einst Alfred Hitchcock fühlen. Und vom Ufer wird der sphärische Gesang des Meeres herüberwehen, der den schönsten Sonnenuntergang der Welt begleitet.

Pašticada – dalmatinischer Rinderschmorbraten

Zutaten für 4 Personen:

1200 g Rinderbraten
300 ml trockener Rotwein
1 l Rotweinessig
120 g Bauchspeck in ca. ½ cm dicken Stiften
2 rote Zwiebeln
4 Tomaten
5 Trockenpflaumen
3 Knoblauchzehen
1 Möhre
100 g Sellerie
0,8 l Gemüsebrühe
2 Lorbeerblätter
1 El Mehl
1 El Tomatenmark
6 Gewürznelken
Olivenöl
geriebene Muskatnuss
Salz
Pfeffer

Zubereitung:

Die Knoblauchzehen schälen und in Stiftchen schneiden. Das Fleisch mit den Knoblauch- und den Speckstiften spicken und zusammen mit den Gewürznelken 12 Stunden lang im Rotweinessig marinieren, dazu in den Kühlschrank stellen.

Sellerie und Möhre putzen und fein würfeln, Zwiebeln schälen und würfeln, auch die Tomaten und die Trockenpflaumen klein würfeln. Das Fleisch aus der Marinade nehmen und ringsum mit Küchenkrepp trocken tupfen. Einen ordentlichen Schuss Olivenöl in einen Topf geben und das Fleisch darin rundum gut anbraten.

Nun Zwiebeln, Sellerie und Möhren hinzugeben und mit anbraten, bis sie leicht gebräunt sind. Mit dem Mehl bestäuben, verrühren und das Tomatenmark hinzugeben. Noch einmal kurz verrühren und dann mit dem Rotwein und der Gemüsebrühe ablöschen. Aufkochen, dabei salzen, pfeffern, mit Muskatnuss würzen und die Tomaten sowie die Pflaumen hinzugeben.

Den Backofen auf 160°C vorheizen, den Topf mit dem Deckel verschließen und für 3 ½ Stunden in den Backofen stellen. Nach der Hälfte der Zeit das Fleisch wenden.

Den Topf nach Ablauf der Zeit aus dem Ofen holen, das Fleisch herausnehmen und die Sauce mit dem Passierstab bearbeiten, bis alles zerkleinert ist.

Das Fleisch in Scheiben schneiden und zurück in die Sauce legen. 5 Minuten lang bei schwacher Hitze auf dem Herd ziehen lassen, dann das Fleisch auf Tellern anrichten und mit der Sauce begießen.

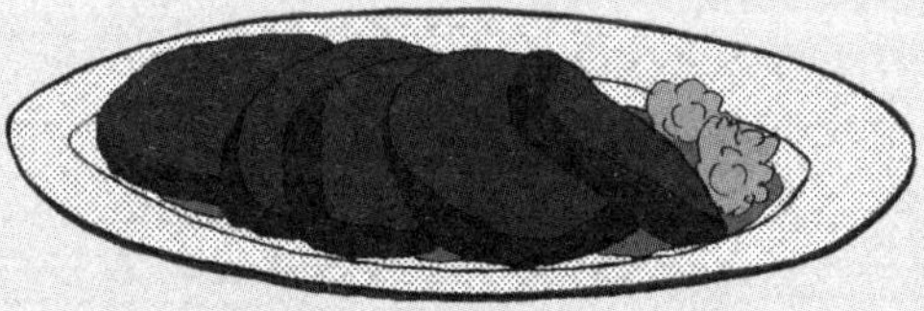

Dazu passen…

Njoki – kroatische Nocken

Zutaten für 4 Personen:

500 g Kartoffeln (mehlig kochend)
150 g Mehl
2 Eigelb
50 g Butter (zimmerwarm)
Salz
Mehl zum Bestäuben

Zubereitung:

Die Kartoffeln mit der Schale in Salzwasser garen, dann pellen und durch die Kartoffelpresse drücken oder gut zerstampfen. Etwas abkühlen lassen, in eine Schüssel geben und mit Mehl, Eigelb, Butter und etwas Salz gut zu einem geschmeidigen Teig verkneten. Den Teig in 3–4 Teile teilen und jedes davon zu einer 4 cm dicken Wurst rollen. Die Teigrollen leicht flachdrücken, in Rauten von ca. 4 cm Seitenlänge schneiden und von beiden Seiten mit etwas Mehl bestäuben.

In einem großen Topf reichlich Wasser aufkochen, salzen und dann die Hitze reduzieren, sodass das Wasser nicht mehr siedet. Die Njoki hineingleiten lassen und bei milder Hitze ziehen lassen, bis sie an die Oberfläche steigen.

In einem Sieb gut abtropfen lassen, zu den Pašticada-Scheiben auf den Teller legen und mit etwas Sauce beträufeln.

Natürlich schmecken die Njoki auch zu anderen Fleischgerichten mit Sauce, alternativ nur mit einer einfachen Tomaten- oder Sahnesauce. Lecker sind sie in Butter geschwenkt und mit frischen Kräutern und/oder kross gebratenem Speck belegt. Man kann sie auch mit Käse überbacken, in Olivenöl braten oder zum Beispiel zum Đuveč verspeisen. Der Fantasie sind kaum Grenzen gesetzt!

Auf dem Weg in die Moderne – Nikola Tesla

Ein Lächeln huschte über die Lippen des hageren alten Mannes. Nur seine gebeugte Haltung und der leicht melancholische Zug um seine Augen verrieten die tiefe Traurigkeit, die seiner Seele innewohnte. Er saß auf der Parkbank in einer kleinen Grünanalage von Manhattan, im schwarzen Mantel, mit eleganter Melone und kaum getragenen weichen Lederhandschuhen. Den Blick zum Boden gewandt, murmelte er leise vor sich hin.

Denn er war keineswegs allein. Um ihn herum pickten Dutzende von Tauben eifrig die Krumen auf, die er ihnen hinbröckelte. Der Alte mochte die Vögel, täglich konnte man ihn auf seiner Bank beobachten, wie er sich stundenlang mit ihnen befasste. Eine der Tauben liebte er ganz besonders, eine etwas kleinere mit hellen Sprenkeln auf dem graublauen Gefieder über dem Schnabel und an der Brust. Er hatte sie auf den Namen Sarah getauft, nach einer berühmten Frau, die er einst kannte.

»Du bist etwas Besonderes, Sarah«, sagte er leise zu ihr. Die kleine Taube legte den Kopf schief und sah ihn aus ihren gelben Augen an, als könne sie ihn tatsächlich verstehen. »Komm, ich will dir eine Geschichte erzählen.«

Damit hob er an und sprach von krachenden Blitzen und wütendem Knistern, das drohend die Luft erfüllt. Von Glasstäben, die auf magische Art aufleuchten, von Feuerbällen und blauen Funken, die jählings über seinen Körper geistern, bis schließlich grelle Irrlichter aus seinen Händen schießen.

Die Taube sah den Alten freundlich an, legte ihr Köpfchen auf die andere Seite, und fast wirkte es, als nicke sie ihm dabei zu. Jeder andere hätte ihn wohl für wahnsinnig erklärt, einzig sie schien zu wissen, dass er die Wahrheit sprach.

Würde Nikola Tesla seine magische Elektro-Show heutzutage aufführen, so hielten ihn die Zuschauer womöglich für einen Jedi-Ritter. Doch damals, um das Jahr 1890, schwebte der »Krieg der Sterne« noch als unerzählte Geschichte zwischen Raum und Zeit. Der Reporter der New York Times, der die Vorführung besuchte, fand deshalb einen anderen Vergleich: Tesla sei wie ein Engel der Gerechtigkeit, der ein Lichtschwert in Händen halte.

Wer im Manhattan des Goldenen Zeitalters Rang und Namen besaß, der kam zu Tesla, wenn dieser eine der regelmäßigen Shows in seiner Experimentierhalle veranstaltete. Das Publikum, hin- und hergerissen zwischen Faszination und Entsetzen, sah gebannt dabei zu, wie Tesla mehrere 100.000 Volt durch seinen Körper strömen ließ. Blaue Funken entsprangen seiner tadellosen Kleidung, Blitze und Flammen zuckten um ihn her. Doch als Tesla den Schalter wieder umlegte, da lächelte er nur und strich den letzten blauen Glimmer von seinem Frack, als sei nichts geschehen. Strahlend verbeugte er sich und nahm den donnernden Applaus entgegen, als sei er der geborene Entertainer. Nikola Tesla, der Star von Manhattan!

Bei seiner scheinbar so wahnwitzigen Vorstellung schützte ihn der sogenannte »Skin-Effekt« vor körperlichen Schäden, durch den Strom bis zu einem gewissen Maß über die Haut abgeleitet wird. Der elektrische Strom stellte in jenen Tagen noch eine Innovation dar, über seine Wirkungsweise wussten die Menschen so gut wie nichts. In Teslas Absicht lag es, seinen Zuschauern die Angst vor der Energie zu nehmen, aus deren Nutzung er sich enorme Fortschritte für die Menschheit versprach.

Stets stellte er das Gemeinwohl vor seine eigenen wirtschaftlichen Interessen. Ihm schwebte nichts Geringeres vor, als jedermann auf der Welt unbegrenzte Energie zuteilwerden zu lassen und damit die Lebensweise der Menschen grundlegend zu revolutionieren. Und obwohl er mit diesem kühnen Plan scheiterte und sein Name lange Zeit in Vergessenheit geriet, sind es doch seine Ideen gewesen, die der Menschheit den Weg in die Moderne ebneten.

Nikola Tesla wurde 1856 im kroatischen 400-Seelen-Nest Smiljan geboren. Das Dorf liegt rund 40 Kilometer nördlich von Zadar und 20 Kilometer von der Küste entfernt. Zur damaligen Zeit verlief hier die Kroatische Militärgrenze, die das Reich der Habsburger von dem der Osmanen trennte.

Teslas Eltern stammten aus Serbien, der Vater, ein orthodoxer Priester, wünschte sich, dass der Sohn in seine Fußstapfen treten solle. Doch die Mutter besaß einen aufgeweckten Forschergeist. Davon inspiriert hatte sie bereits einige Gerätschaften für die Landwirtschaft und für den Haushalt entworfen. Als ihr kleiner Sohn ebenfalls Interesse an Erfindungen und wissenschaftlichen Zusammenhängen entwickelte, unterstützte sie ihn deshalb nach Kräften.

Später erzählte Nikola, dass seine Leidenschaft für die Elektrizität schon erweckt worden sei, als er erst drei Jahre zählte. Damals sprühten ein paar Funken auf, als er das Fell seiner Katze streichelte. Erschrocken lief er zum Vater, und dieser erklärte ihm, dass es sich dabei um elektrische Energie handle. Fortan experimentierte der Knabe mit der Nutzung von Energie in allen erdenklichen Formen. Als Fünfjähriger entwickelte er eine Drehspindel, die er von einem Käfer antreiben ließ.

Immer wieder empfing er plötzliche Visionen, die ihn zunächst verwirrten und verängstigten. Doch im Lauf seiner Kindheit verstand er es immer besser, diese Geistesblitze zu nutzen und seine Kreativität davon beflügeln zu lassen. Sein fotografisches Gedächtnis und seine enorme Vorstellungskraft halfen ihm dabei, immer komplexere Apparaturen allein in seinen Gedanken zusammenzubauen, zu testen und zu korrigieren.

Kein Wunder, dass der aufgeweckte junge Mann mühelos ein Stipendium für das Studium von Mathematik und Naturwissenschaften an der Universität Graz erhielt. Seine große Leidenschaft galt auch dabei der Elektrizität, und er stürzte sich ins Lernen. Während der ersten Semester belegte er weit mehr Seminare, als nötig gewesen wären. Denn er war in eine bestimmte Idee vernarrt.

Erst vor wenigen Jahren hatte Thomas Alva Edison in Amerika die Nutzung des elektrischen Stroms ermöglicht. Auf wunderbare Art und Weise brachte er damit Glühbirnen zum Leuchten. Doch sein Geniestreich litt unter einer Achillesferse: Edison nutzte Gleichstrom, und auf dessen Weg durch die Kabel geht die Energie rasch verloren. Deshalb muss man nach jeder Meile einen Generator zwischenschalten, was die Sache enorm aufwendig macht.

Wechselstrom, so dachte sich Tesla, müsse das Problem lösen. Die Elektronen wandern in der Leitung vor und zurück, wobei stets neue Energie entsteht. Dadurch würden sich auch weite Distanzen überbrücken lassen. Doch als er seinem Professor davon erzählte, wehrte dieser vehement ab. Wechselstrom sei in der Praxis unmöglich, das wisse doch jeder. Tesla solle sich lieber mit realisierbaren Aufgaben befassen.

Vielleicht hat diese Maßregelung den jungen Studenten über Gebühr frustriert. Vielleicht trugen auch seine Visionen die Schuld, die in jener Zeit vermehrt wiederkehrten. Jedenfalls begann er, das Studium zu vernachlässigen und flog schließlich von der Universität. Er nahm einen Job als Techniker an, tüftelte aber in Gedanken weiter an der schier unlösbaren Herausforderung, die der Wechselstrom ihm stellte. Dann schließlich, im Alter von 26 Jahren, kam ihm der zündende Einfall zur Lösung des Problems.

Zu dieser Zeit arbeitete Tesla in Paris für ein Unternehmen, das zur Firmengruppe Thomas Alva Edisons gehörte. Mit einem Empfehlungsschreiben seines Chefs und etwas Bargeld in der Tasche machte sich Tesla auf den Weg nach New York, um bei dem legendären Erfinder persönlich vorstellig zu werden. Edison gab sich zwar recht angetan und stellte den jungen Mann ein. Doch von dessen Vorstellungen bezüglich des Wechselstroms hielt er nichts. Inzwischen besaß er nämlich bereits ein Netz von Leitungen, womit er einen Teil von Manhattan flächendeckend mit Elektrizität versorgte. Eine Umstellung von Gleichstrom auf Wechselstrom erschien ihm viel zu kostspielig. Edison teilte nämlich Teslas Altruismus in keiner Weise, im Gegensatz zu seinem neuen Mitarbeiter dachte er unternehmerisch und profitorientiert. Enttäuscht reichte Tesla nach nur wenigen Monaten die Kündigung ein.

Es folgte ein strapaziöses Auf und Ab. Teilweise arbeitete Tesla für einen Hungerlohn im Straßenbau. Mitunter fand er auch Investoren und stürzte sich voller Tatendrang in seine Forschung, doch immer wieder scheiterte die Zusammenarbeit an den Gewinnerwartungen der Geldgeber.

Schließlich traf Tesla auf einen erfolgreichen Unternehmer, der sich dazu bereit erklärte, große Summen zu investieren und damit dem Wechselstrom ein für alle Mal auf die Sprünge zu helfen. Doch Tesla ging einem skrupellosen Schlitzohr auf den Leim. Denn der Mann überredete ihn, auf zukünftige Tantiemen zu verzichten und sich mit einer Einmalzahlung zu begnügen. Dabei argumentierte er mit dem enormen geschäftlichen Risiko, zumal auch zeitgleich und unabhängig von Tesla der Italiener Galileo Ferraris an der Entwicklung eines Wechselstromdrehfeldes arbeitete.

Auf diese Art verlor Tesla ein zukünftiges Millionenvermögen. Denn rasch sollte sich sein Wechselstrom als Energielieferant der Zukunft durchsetzen. Bei der Weltausstellung 1893 in Chicago erhellten 160.000 Glühbirnen das Gelände, versorgt durch Wechselstrom. Es handelte sich um einen ebenso lukrativen wie auch prestigeträchtigen Auftrag, den Teslas Geschäftspartner einstrich. Tesla selbst ging dabei leer aus.

Doch ihm ging es nicht ums Geld, obwohl er Luxus durchaus zu schätzen wusste. Er wohnte in den feinsten Hotels und schreckte nicht davor zurück, enorme Schulden zu machen. In dieser Zeit begann er mit seinen magischen Elektrizitätshows und erlangte damit sehr bald großen Ruhm in der New Yorker Szene. Zu seinen Freunden zählten Mark Twain und die Schauspielerin Sarah Bernard.

Das Ziel von Teslas Tüfteleien stellte jetzt die drahtlose Übertragung von Strom dar. Er führte seinem Publikum gasgefüllte Kaltlichtröhren vor, die aufleuchteten, sobald sie in Kontakt mit dem elektrischen Feld kamen, das von der »Teslaspule« erzeugt wurde. Diese Neonstäbe sind die Vorläufer heutiger Leuchtstoffröhren gewesen.

Nicht nur sein okkult erscheinendes »Lichtschwert« und seine exaltierten Shows wiesen Tesla als Exzentriker aus. Er litt ganz offensichtlich unter diversen Zwangsstörungen. Ihn plagte eine panische Angst vor Keimen, seine feinen Lederhandschuhe erneuerte er alle 14 Tage. Der Kontakt mit menschlichem Haar verursachte ihm äußerste Übelkeit, mehr noch aber ekelte er sich vor Frauen, die Perlenohrringe trugen. Bevor er mit dem Essen begann, errechnete er stets den Rauminhalt der Speisen. Zu der Zahl Drei empfand er eine obsessive Bindung: Alles, was er tat, machte er dreimal. Er wusch sich dreimal die Hände und lief dreimal um den Block. Seine Zimmernummer im Hotel musste unbedingt durch drei teilbar sein. Nie sollte er eine ernste Beziehung eingehen geschweige denn heiraten.

Neue Geldgeber ermöglichten es Tesla schließlich, in Colorado Springs an seinem großen Traum zu forschen: einem Energiefeld, das in großer Höhe die Erde umspannt und für jedermann anzapfbar ist. Er errichtete ein Geheimlabor mit einem 50 Meter hohen Funkturm.

Als er aber schließlich davon sprach, er habe Signale von Außerirdischen erhalten, begannen selbst seine eingefleischtesten Fans, ihn zu belächeln. Es half ihm auch nicht, dass er im Jahr 1900 ein erstes Patent für drahtlose Energieübertragung anmeldete. Dieses Patent, das als das allererste im Bereich der Funktechnik gilt, macht ihn zum Pionier der Kommunikationsweise, die für uns heute so selbstverständlich ist. Hätte er bloß nicht lauthals davon schwadroniert, demnächst mit seiner neuen Technik den Aliens im All antworten zu wollen!

Die Geldgeber zogen sich zurück. Diese Entscheidung war nicht nur den Marsmännchen geschuldet, sondern vielmehr auch der Tatsache, dass sie keinen Sinn darin sahen, in eine Technik zu investieren, die laut Tesla für jedermann kostenlos verfügbar sein sollte. Schließlich ging es den Leuten darum, Geld zu verdienen. Zu allem Überfluss erhielt auch noch ein ganz anderer den Nobelpreis für die Erfindung der kabellosen Übertragungstechnik. Wieder war es ein Italiener, der Tesla in die Quere kam: Guglielmo Marconi. 1899 gelang ihm die erste Funkverbindung über den Ärmelkanal, zwei Jahre später brachte er den ersten transatlantischen Funkkontakt auf den Weg.

Obwohl Teslas weitere Ideen zur Nutzung der Kräfte von Geothermik, Wind und Sonne sich als durchaus zukunftsweisend darstellten, war sein Bitten und Betteln vergebens. Niemand wollte mehr in die Pläne des offenbar verschrobenen Spinners aus Kroatien investieren, er ging endgültig pleite. Am Ende hatte er 20 Jahre lang im Waldorf Astoria Hotel auf Pump gelebt. Das Hotel pfändete sein Labor in Colorado Springs, der Funkturm wurde gesprengt.

Sein einziger Trost blieben die Tauben, die er mit Leidenschaft fütterte. Besonders der kleinen Sarah gehörte seine große Liebe. Als Sarah eines Nachts im Januar 1943 starb, vermeinte er, in ihren Augen ein Licht zu erkennen, das heller strahlte als sämtliche Lampen in seinen Labors. Doch das Licht erlosch. Kurz darauf starb auch der 86-jährige Tesla in seinem New Yorker Hotelzimmer. Es lag in der 33. Etage und trug die Nummer 3327.

Erst 1960 fand Tesla wissenschaftliche Anerkennung, als die Maßeinheit der magnetischen Flussdichte nach ihm benannt wurde. Und heute ist sein Name auch endlich wieder in den Schlagzeilen, denn er ist Namenspate des Elektroauto-Unternehmens Tesla Motors.

Čupavci – kroatische Kokosküchlein

Zutaten:

500 g Mehl
300 g Butter
650 g Zucker
500 ml Milch
4 Eier
2 Pck. Vanillezucker
1 Pck. Backpulver
400 g dunkle Blockschokolade
800 g Kokosraspeln
Butter zum Einfetten

Zubereitung:

100 g zimmerwarme Butter mit 250 g Zucker und den Eiern schaumig schlagen, Mehl, Backpulver, Vanillezucker und 200 ml Milch gut unterrühren und den Teig in eine eingefettete Kastenform geben. Bei 180°C im vorgeheizten Backofen 25 Minuten backen, in der Form erkalten lassen, dann stürzen und in kleine Würfel schneiden. Den restlichen Zucker mit Blockschokolade und 400 ml Milch erhitzen, bis alles gelöst ist, vom Herd nehmen, leicht abkühlen lassen und die restliche Butter gut unterrühren. Die Teigwürfel erst in dieser Creme, dann in den Kokosraspeln wälzen und auf einem Rost ruhen lassen. Kühl aufbewahren.

Das Tor zum Westen – Zagreb

In Zadar habe ich Antonija kennengelernt. Als wir eine Weile nebeneinander auf den Stufen der Meeresorgel saßen und den mysteriösen Klängen lauschten, sind wir ins Plaudern gekommen. Antonija ist Lehrerin und kommt aus Zagreb. Ihren Urlaub verbringt sie gerne an der kroatischen Küste.

Kein Wunder, denke ich. Habe ich doch erst letztens auf einer renommierten Nachrichtenseite einen Artikel gelesen, in dem Zagreb als »die langweiligste Hauptstadt Europas« bezeichnet wurde. Das Beste an Zagreb, so hieß es, sei die Autobahn zum Meer. Die Presse der kroatischen Hauptstadt reagierte verärgert. Und zudem kürten andere Reiseexperten Zagreb erst 2017 zur angesagtesten Destination des Kontinents. In jenem Artikel hingegen wurde unbeirrt über die eintönige Fußgängerzone gelästert, über austauschbare Läden und allgemeine Ödnis. Was denkt Antonija über ihre Stadt? Sie muss es ja schließlich wissen!

»Oh«, strahlt sie, ganz offensichtlich erfreut über mein Interesse an ihrer Heimat. »Zagreb wird gerne unterschätzt. Schließlich ist es nur eine relativ kleine Hauptstadt mit gerade mal 780.000 Einwohnern. Oder Herzen, wie wir Zagreber sagen, denn wir sind gefühlvolle Menschen. Es ist eine alte Stadt, die aus zwei nebeneinanderliegenden Siedlungen entstand, die noch bis 1850 strikt voneinander getrennt waren. Im östlich gelegenen Kaptol lebten Klerus und Bischof, westlich davon, in Gradec, hingegen Kaufleute und Handwerker.

Nicht immer haben sich die Bewohner der beiden Ortsteile gut miteinander vertragen. Deshalb findet man auch ein Stadttor mitten in der Altstadt von Zagreb, kurios, nicht wahr?«

Das heutige Zagreb sei eine beschauliche Stadt, erzählt sie weiter. Da gebe es wenig von dem kosmopolitischen Trubel und allgemeinen Chaos anderer europäischer Hauptstädte. Vielmehr erscheine es wirklich ein wenig provinziell, fast wie ein verschlafenes Nest. Doch wer dazu bereit sei, sich darauf einzulassen, der finde in Zagreb einen ganz besonderen Zauber.

Denn hier kann man noch Ecken entdecken, die von der Hektik und Schnelllebigkeit unserer Zeit scheinbar übersehen worden sind. Den täglichen Bauernmarkt Dolac zum Beispiel, der mitten im Zentrum gleich hinter dem Ban-Jelačić-Platz liegt. Der Dolac sei das eigentliche Herz der Stadt, denn er verbinde ihre beiden alten Teile Kaptol und Gradec, sagt Antonija und nickt dabei zufrieden, als sei sie erleichtert über das Ende des alten Zwists.

An den Marktständen verkaufen Bäuerinnen aus den umliegenden Dörfern unter Sonnenschirmen frisches Obst und Gemüse von ihren Feldern und Gärten. Da lässt sich köstlicher Ajvar entdecken, den sie nach altem Familienrezept in der heimischen Küche eingekocht haben, außerdem würziges Olivenöl, Honig, Trockenpflaumen und Lavendel. Andere Frauen schöpfen Rahm und selbst eingelegtes Sauerkraut aus großen Bottichen oder laden die Passanten dazu ein, ihre hausgemachten Wurst-, Käse- und Gebäckspezialitäten zu probieren. Auf dem Dolac gibt es auch den besten Sliwowitz, der wird nämlich aus den Pflaumen der Sorte Bistrica gebrannt, weiß Antonija. Und die gedeihen in der Landschaft rings um Zagreb.

Unter dem leicht erhöhten Platz mit den Verkaufsständen verbirgt sich außerdem die riesige Markthalle, in der Metzger, Fisch- und Blumenhändler ihre Waren anbieten. Von der Küste und den kroatischen Inseln kommen manche davon täglich in die Hauptstadt, um fangfrischen Fisch, Meeresfrüchte oder Pager Käse anzubieten.

Hier findet man darüber hinaus noch alte Frauen mit kostbaren handgeklöppelten Spitzen. Die Herstellung der filigranen Gewirke ist eine alte kroatische Tradition, die besonders auf den Inseln Pag und Hvar verbreitet ist. Aber auch in der Region nördlich von Zagreb wird seit jeher gerne geklöppelt. Die jungen Leute, seufzt Antonija, verlören das Interesse an der zeitaufwendigen Arbeit. Aber die Alten hielten die Kunst am Leben. Wer weiß, wie lange noch.

Spaziert man nun vom Dolac aus weiter durch das Zentrum von Zagreb, so entdeckt man zahllose Cafés. Sie sind für die Zagreber mindestens genauso wichtig wie der bunte Bauernmarkt, denn die Entschleunigung genießt hier einen hohen Stellenwert. Kein Einkauf auf dem Markt, kein Stadtbummel ohne die ausgedehnte Pause in einem dieser Kaffeehäuser.

In ihnen präsentiert sich die wienerische Seite von Zagreb, das lange zum Reich der Habsburger gehörte. Was man im Übrigen auch an den vielen Gebäuden in wienerischer Bauart erkenne, fügt Antonija hinzu. An den opulent mit Stuck verzierten Fassaden der Jugendstilhäuser, den verspielten Erkern und Kuppeln.

Diese Besonderheit Zagrebs ist dem Kölner Architekten Hermann Bollé geschuldet. Denn der hat mit seinen Bauplänen nicht nur das Gesicht der österreichischen Hauptstadt maßgeblich mitgeprägt, seine Wahlheimat und damit auch sein Hauptbetätigungsfeld fand er in Zagreb. Bis zu seinem Tod im Jahr 1926 verbrachte er die meiste Zeit seines Lebens hier. Das heutige Stadtbild verdankt Zagreb größtenteils dem Einfluss dieses engagierten Mannes, der neben Bauwerken in den verschiedensten zeitgenössischen Stilrichtungen auch eine Vielzahl von Werken der angewandten Kunst schuf, von Möbeln über Lampen, gläserne Artefakte und Schmuckstücke bis hin zu Theaterkostümen.

Und natürlich habe er auch Kaffeegeschirr entworfen, fügt Antonija hinzu. Geprägt von der wienerischen Lebensart wusste nämlich auch Bollé die Gemütlichkeit der kleinen Cafés zu schätzen, das Stündchen am Nachmittag, wenn alle Alltagseile draußen vor der Tür zurückbleibt und nichts mehr zählt als das verführerische Cremetörtchen, die im Holzstock eingespannte Tageszeitung oder der entspannte Plausch mit ein paar anderen Kaffeehausgästen. Und natürlich das Wichtigste: Kava, der starke, aromatische Kaffee, den die Zagreber so lieben.

»Zagreb ist mancherorts noch heute durch und durch k. und k., als sei die Zeit der Doppelmonarchie einfach stehengeblieben«, meint Antonija. »Deshalb nennt man es auch ‚Little Vienna'. Es ist eine typisch westeuropäische Stadt, der Balkan scheint in unendlich weiter Ferne zu liegen.«

Das mag seinen Grund darin finden, dass die Osmanen nie bis hierher vorgedrungen sind. Die Region um Zagreb bildete ein unüberwindbares Bollwerk gegen die Eroberer aus Kleinasien, und weil diese über lange Zeit das Land im Süden von Zagreb beherrschten, orientierte man sich eben in Richtung Nordwesten. Deshalb reihen sich um die mittelalterlichen Winkelgassen und die Wehrtürme mit ihren spitzen roten Dächern repräsentative Straßenzüge im wienerischen Stil. Das zeigt sich ganz besonders im Bereich des Grünen Hufeisens, einer Verbindung von Plätzen und Grünanlagen im Zentrum, die der Wiener Ringstraße nachempfunden ist. Kommt man dann allmählich aus der Innenstadt heraus, so gelangt man in die weniger attraktiven Plattenbausiedlungen der Siebzigerjahre, die ihrerseits von der Zeit des sozialistisch geprägten Jugoslawien zeugen.

»Jeder Straßenzug kann seine eigene Geschichte erzählen«, fährt Antonija fort. »Zagreb wird unterschätzt, es ist eine Stadt der Begegnung.« Denn obwohl sich die Zagreber stets an Westeuropa orientierten, stellte die Stadt doch auch einen wichtigen Knotenpunkt in der Verbindung zum Osten dar. Das verhalf ihr zu ganz besonderer Blüte, als die Kroatische Militärgrenze gegen Ende des 19. Jahrhunderts endgültig fiel.

Bis dahin hatte Zagreb auf der Habsburger Seite dieser Grenze gelegen, gut getrennt und abgesichert gegen das Osmanische Reich auf der anderen Seite. Doch nun änderte sich die Welt grundlegend. Die wohlhabende Elite entdeckte das Reisen, und weil auch der Orient nun endlich leichter zugänglich wurde, rückte er ins besondere Interesse der betuchten Bildungsreisenden.

Um dieser Elite eine Fahrt mit angemessenem Komfort zu ermöglichen, entstand der Orient-Express. Zunächst nahm der Luxuszug den Weg von Paris über Wien und Budapest nach Konstantinopel. Kurswagen auf Nebenlinien verbanden auch andere europäische Städte mit dem Orient-Express.

Besonders eine dieser Strecken geriet nach dem Ersten Weltkrieg in den Fokus: der über Mailand, Triest und Belgrad verlaufende Simplon-Orient-Express. Denn die Machthaber der Triple Entente, Frankreich, Russland und das Vereinigte Königreich, wollten um jeden Preis eine Verkehrsanbindung der Kriegsverlierer an den Balkan und den Vorderen Orient verhindern. Deshalb wurde das Deutsche Reich vom Orient-Express abgeschnitten, und aufgrund des nunmehr geänderten Verlaufs der Hauptstrecke auch Österreich und Ungarn.

Damit kam der große Moment für Zagreb. Denn die Stadt lag jetzt nicht mehr länger an einer unbedeutenden Nebenstrecke, sondern an der Hauptlinie des Orient-Express. In aller Eile entschlossen sich die Stadtväter, den zu erwartenden Gästen ein standesgemäßes Hotel zu errichten. Je schöner und eleganter dieses geriete, desto leichter ließen sich die illustren Herrschaften dazu verlocken, einen Zwischenstopp einzulegen, ein paar Tage in Zagreb zu verweilen und dort ihr Geld unter die Leute zu bringen.

Sieben Jahre zogen ins Land, bis 1925 das in Stein und Luxus gegossene Glanzlicht mitten im Zentrum und natürlich in bequemer Nähe zum Bahnhof endlich seine Türen öffnen konnte: das Esplanade Zagreb Hotel.

Dieser im Stil des Neoklassizismus errichtete Prachtbau mit seinem smaragdgrünen Festsaal, den monumentalen Treppen und dem kostbaren Marmordekor entwickelte sich rasch zum glamourösen Mittelpunkt des sozialen Lebens im Zagreb der Zwanziger- und Dreißigerjahre. Hier traf man sich zu rauschenden Bällen, exklusiven Soireen, amourösen Tête-à-têtes oder solch dekadenten Ausschweifungen wie der ersten Striptease-Party von Zagreb, zu der angeblich die Verabschiedung eines italienischen Grafen aus dem diplomatischen Dienst den Anlass gab. Die fürstliche Terrasse des Hotels feierten die verwöhnten Gäste als »Ende des Balkans und Beginn der zivilisierten Welt«. Und die Liste der Träger prominenter Namen, die in diesem Haus aus und ein gingen, liest sich wie ein Who-is-Who des 20. Jahrhunderts. Sie reicht von Josephine Baker und Charles Lindbergh über Louis Armstrong, Francis Ford Coppola, Elizabeth Taylor oder Woody Allen bis hin zu Leonid Breschnew, Richard Nixon und Queen Elizabeth II. Noch heute gilt das Hotel als Ikone des Art déco und lebendiger Spiegel der goldenen Zwanzigerjahre.

»Wir schätzen es deshalb genauso wie die Kathedrale mit ihren beiden Türmen, die das Herz von Zagreb überragen«, sagt Antonija. »Denn dieses Hotel veranlasste die gekrönten Häupter, Politiker, Stars und Künstler, Zagreb überhaupt wahrzunehmen. Es hat unserer Stadt großen Glanz verliehen und sie erst richtig berühmt gemacht.«

Reisende zu begeistern, denke ich, liegt den Menschen in Kroatien wohl wirklich im Blut.

Štrukli – Quarkstrudel nach Zagreber Art

Zutaten:

500 g Sahnequark
300 g Mehl
400 g Butter (zimmerwarm)
250 g Schmand
200 g Magerquark
100 ml Sahne
2 Eier
100 g Paniermehl
Sonnenblumenöl
Salz
Mehl für die Arbeitsfläche

Zubereitung:

Magerquark, 250 g Butter, Sahne, Mehl und 1 Tl Salz in eine Schüssel geben und zu einem glatten Teig verkneten. Zu einer Kugel formen, ringsum mit etwas Sonnenblumenöl einreiben. Zurück in die Schüssel geben, mit einem Geschirrtuch abdecken und eine halbe Stunde lang ruhen lassen.

In der Zwischenzeit die Füllung zubereiten: Den Sahnequark in ein Tuch geben und gut abtropfen lassen. Die Eier verquirlen, Schmand, Sahnequark und 1 Prise Salz hinzugeben und alles gut miteinander vermischen.

Nun den Teig auf ein gut mit Mehl eingestreutes Strudeltuch (oder ein großes Geschirrtuch) legen. Mit den Händen flach drücken, dabei aber nicht kneten. Mit Mehl bestäuben und sodann mit dem Nudelholz von der Mitte nach außen hin dünn auf dem Tuch ausrollen. Mehrfach wenden und jeweils einmehlen. Schließlich mit den Händen anheben und vorsichtig über die Handrücken in die Länge ziehen. Der Teig soll so dünn wie irgend möglich sein, darf aber natürlich nicht reißen.

Dann zurück auf das Tuch legen, mit Sonnenblumenöl bepinseln und die Füllung entlang der beiden Ränder der langen Teigseite verteilen, die Mitte des Teigs frei lassen. Das Tuch an einer langen Seite anheben und den Teig mit der Füllung damit bis zur Mitte – wo keine Füllung ist – einrollen. Mit der gegenüberliegenden Seite genauso verfahren, danach mit einem Messer den Teig entlang der Mitte in zwei Rollen teilen. Nun mit einer mit Mehl bestäubten Untertasse die beiden Teigrollen in ca. 8 cm lange Stücke teilen.

In einem großen Topf reichlich Wasser aufkochen, salzen, die Hitze reduzieren und die Teigstücke hineingleiten lassen. Wenn sie an die Oberfläche steigen, herausnehmen und abtropfen lassen. Die restliche Butter in einem kleinen Topf auslassen. Die Štrukli auf ein mit Sonnenblumenöl eingefettetes Backblech legen, mit der Butter übergießen und mit dem Paniermehl bestreuen. Im vorgeheizten Backofen bei 180°C ca. 15-20 Minuten überbacken, bis die Oberfläche goldbraun ist.

Die Štrukli können nach Geschmack mit süßen oder deftigen Beilagen verspeist werden: z.B. mit in Honig karamellisierten Nüssen, mit Apfelmus oder frischen Beeren und Puderzucker, mit gerösteten Paprika, Ajvar oder Pilzsauce.

Engpässe und Urlaubsspaß – die Insel Krk

Hand aufs Herz. Haben Sie Ihr Idealgewicht? Oder besser noch etwas weniger? Dann könnten Sie es wagen!

Im malerischen Vrbnik, einem Küstenstädtchen wie aus dem Bilderbuch, sind die Gassen schmal. Manche davon sind sogar schmaler, als man es sich vorstellen kann. Und unter diesen ist Klancic die Königin der Engpässe. Manch einer behauptet sogar, sie sei die engste Gasse der Welt. Und wenn man vor ihrem dunklen Spalt steht, der sich unter einem niedrigen Gewölbe ins Unbekannte windet, möchte man das wohl glauben. Denn sie ist nur gerade mal 40 Zentimeter breit. Nichts für Menschen, die unter Klaustrophobie leiden. Vor allem nicht, wenn es sich dabei um junge Frauen handelt. Denn die Einheimischen sagen, dass Frauen, die nicht durch diese Gasse gehen können, keinen Mann abbekommen. Würden Sie sich hindurchtrauen? Ich sicher nicht!

Vrbnik thront auf einem imposanten Felsplateau, gekrönt von seinem schlanken Kirchturm, der wie eine Pfeilspitze aus dem dichten Gefüge der Dächer emporragt. Stolz und wunderschön posiert es vor dem silbrig glitzernden Wasser der Adria und dem Massiv des Dinarischen Gebirges, das sich in der Ferne vor dem Blau des Himmels verliert, als sei es die Vision aus einem Märchentraum. Vielleicht ist es diesem malerischen Anblick geschuldet, dass Vrbnik sogar in einem

Volkslied besungen wird: Verbniče nad moru – oh, Vrbnik über dem Meer.

Der kleine Ort liegt an der Ostküste der Insel Krk. Hier präsentiert sich die Karstlandschaft von ihrer sprödesten Seite, der Boden ist karg und voller Geröll. Und dennoch haben sich die frühen Siedler gerade dort einen felsigen Bergrücken ausgesucht, um ein Dorf zu gründen. Denn die Lage hoch über dem Meer und der steil abfallenden Küste bot hervorragenden Schutz vor feindlichen Übergriffen. Namentlich wird Vrbnik um das Jahr 1100 n. Chr. erstmals erwähnt, doch Funde beweisen, dass dieser Ort sogar schon in der Bronzezeit besiedelt war. Während des Mittelalters avancierte Vrbnik zeitweise zum Wohnsitz der Fürsten von Krk. Hier konzentrierte sich in jener Epoche der kroatische Glagonismus, so wird der hiesige Widerstand gegen die Vorherrschaft der religiösen Patriarchen aus Byzanz und Rom bezeichnet.

Die wirkliche Besonderheit Vrbniks ist aber seiner Lage auf dem Felsplateau zu verdanken. Denn dieses bot zwar einerseits guten Schutz, andererseits zwang es den Bewohnern enge Beschränkungen hinsichtlich der Bebauungsmöglichkeiten auf. Der Untergrund ist im wahrsten Sinne des Wortes steinhart, und weil er sich deshalb für die Errichtung der Fundamente nicht einfach einebnen ließ, folgten die Bauherren kurzerhand den vorhandenen Felsformen. So kommt es, dass sich Häuser und Gassen in das eigenwillige Muster fügen, das die Natur ihnen vorgab. Weil zudem das Plateau nicht übermäßig viel Platz zu bieten hat, mussten die Gebäude eng zusammenrücken. So ergibt sich ein scheinbar wirres Labyrinth aus verschlungenen Gässchen, die sich schmal und schmaler aneinanderfügen.

Irgendwo an ihrem Ende wartet bestimmt ein Glas Žlahtina, der edle goldgelbe Wein von Vrbnik, der nur hier produziert wird und auf den die Bewohner vielleicht sogar noch stolzer sind als auf die engen Gassen. Denn fast jede Familie besitzt ein paar Rebstöcke in einem Talkessel im Hinterland des Ortes. Was wie eine langbewahrte Tradition erscheint, entpuppt sich in Wirklichkeit als eine Entwicklung aus jüngster Zeit. Denn im Weintal von Vrbnik befand sich noch bis zur Mitte des letzten Jahrhunderts ein See. Als in der Nachkriegszeit die Nahrungsmittel knapp wurden, legte man den See trocken und baute dort Getreide an. Erst in den Sechzigerjahren entstanden die ersten Weingärten.

Vielleicht hätte uns ein kühles Glas Wein den Weg durch Vrbnik erleichtert. Wir scheitern nicht an den engen Gassen, sondern vielmehr an der brütenden Hitze, die sich jetzt im August wie der Atemhauch eines Feuergeistes über die ganze Insel Krk gelegt hat. Jeder Schritt wird zur Mühsal, und nur die zahlreichen Touristen, die sich an den Kiesstränden niedergelassen haben, scheinen sich davon nicht beirren zu lassen. Ungerührt braten sie ihre Leiber in der Sonnenglut, und fast erwartet man ein Zischen, wenn sie hin und wieder zur Erfrischung ins kühlere Meerwasser eintauchen.

Vielleicht, so denke ich, ist es die geheimnisvolle Kirke gewesen, die das Eiland in ein Feuerreich verzaubert hat. Schließlich war es auch sie, die einst die Gefährten des Odysseus in Schweine verwandelt haben soll. Die Zauberin, so heißt es bei Homer, lebte auf einer Insel inmitten all der Tiere, in die sie unglückliche Seefahrer verwandelte, die an ihren Gestaden landeten. Und so mancher meint, in Krk die Heimat dieser mythologischen Kirke zu erkennen. Daraus ließe sich zumindest ein Hinweis auf die Herkunft des Inselnamens erahnen. Außerdem schätzten die Römer das artenreiche Krk so sehr, dass sie ihm den Namen »goldene Insel« gaben. Waren es die von Kirke zurückgelassenen Tiere, die sie dazu inspirierten?

Oder sind es vielmehr die finsteren Kureten gewesen, denen Krk seinen Namen verdankt? Auch von diesen kriegslüsternen Dämonen berichtet uns Homer, und einige seiner Leser vermuten, dass der Griechendichter damit keine anderen als die Ureinwohner der Insel Krk beschrieben hat. Vielleicht lag ihretwegen ein besonders aggressives Fluidum über den Gewässern vor Krk, als hier eine der verheerendsten Seeschlachten zwischen den Flotten der Widersacher Cäsar und Pompejus in der Zeit des römischen Bürgerkrieges stattfand.

Doch heutzutage begegnet man auf Krk friedfertigen Menschen, und das Meer dümpelt sanft und freundlich vor der Küste. Auch die verhexten Opfer der Kirke haben die Zeiten nicht überdauert. Es gibt nur wenige Säugetierarten, die mit dem dürftigen Nahrungsangebot des Krker Karst ihr Dasein fristen, und die meisten davon haben Siedler mit auf die Insel gebracht. Deutlich buntgefächerter präsentiert sich die Welt der Reptilien. Krk ist sogar die artenreichste Reptilieninsel im ganzen Mittelmeerraum. Die Bandbreite spannt sich von einigen seltenen Eidechsenarten bis hin zu zwölf verschiedenen Schlangengattungen, von denen aber nur die Europäische Hornotter giftig ist. Und nicht minder lebhaft geht es in den Lüften zu: Krk beheimatet mehr als 200 Vogelarten und dient zahlreichen Zugvögeln als willkommener Rastplatz.

Doch an Tagen wie heute ist es selbst den Gänsegeiern zu warm, die an den Steilküsten leben. Kaum jemand kann sich dazu aufraffen, sein klimatisiertes Fahrzeug zu verlassen, um die Gassen der Hafenstadt Krk zu erforschen, das kulturelle Zentrum der Insel. Und auf der Straße, die zur Krk-Brücke hinführt, reihen sich die Autos zu einem einzigen, klebrig zäh dahinschleichenden Band. Die imposante 1.450 Meter lange Stahlbetonbogenbrücke verbindet die mondkahle Steilküste von Krk über eine kleinere Insel hinweg mit dem Festland.

Doch wer meint, auf der anderen Seite erfrischende Kühle zu finden, der täuscht sich. Die drückende Sommerhitze hat sich über dem gesamten Mittelmeergebiet ausgebreitet. Vielversprechender mag es da sein, eine der zahllosen versteckten Buchten an der Küste von Krk aufzusuchen oder ein schattiges Plätzchen unter Pinien zu finden.

Unsere Kinder, beide im Teenageralter, haben eine noch bessere Lösung entdeckt. Krk, mit gut 400 Quadratkilometern die größte Insel der Adria, ist touristisch so umfassend erschlossen, dass kaum Wünsche offenbleiben. Schließlich ist Krk recht gut zu erreichen, nur 560 Kilometer trennen es von München, von Wien sogar nur 530. Das hat die Insel zu einem der beliebtesten Urlaubsziele an der Adria gemacht. Die Reisenden kommen nicht nur aus Deutschland, Österreich und der Schweiz, sondern vielfach auch aus Tschechien, der Slowakei, Ungarn und Rumänien. Und weil es auf Dauer langweilig ist, den ganzen Tag in der Sonne zu liegen, bietet Krk seinen Gästen ein prall gefülltes Unterhaltungsangebot.

Den Kids fiel es nicht schwer, sich zu entscheiden. Da sie für den Jetski noch zu jung sind – und wir Eltern als spaßbremsende Bedenkenträger auch ein Veto eingelegt haben – wählen sie kurzentschlossen das Parasailing. Dabei hängt man an einem Fallschirm im Schlepptau eines Motorbootes und lässt sich vom Fahrtwind in die Höhe tragen. Spezielle Öffnungen am Schirm sorgen für den nötigen Auftrieb. Das Seil, an dem die beiden nun vor dem Küstenörtchen Njivice über der Bucht von Rijeka durch die Lüfte gezogen werden, ist sagenhafte 100 Meter lang. Diese Höhe erlaubt ihnen einen phänomenalen Ausblick nicht nur über die Insel Krk, sondern auch über das Festland und die Insel Cres im Südwesten von Krk. Zur Besonderheit von Krk gehört es, dass die Insel ringsum von Land und Inseln umgeben ist, nirgends verirrt sich der Blick in der Weite des offenen Meeres. So rahmen karstige Hügel und Berge, lichte Wälder und dazwischen die roten Dächer der Häuser das strahlende Blau, über dem die Kinder dahinschweben. Und sie finden es äußerst schade, dass wir ihre Handys mit der Kamera vor dem Segelflug sicherheitshalber einkassiert haben.

Um der Hitze eine angenehme Meeresbrise entgegenzusetzen, unternehmen wir danach gemeinsam noch eine der zahlreichen Bootstouren, die hier angeboten werden. Die Bewohner von Krk sind findig darin, sich solcherlei Ausflugsprogramme auszudenken. Davon profitieren schließlich alle, Feriengäste und Einheimische, deren Erwerbsmöglichkeiten durch den Tourismus enorm gestiegen sind.

Wir haben uns für die Delfin-Tour entschieden. Tatsächlich bewahrt Kroatien einen außergewöhnlichen Naturschatz: die letzten Delfine der Adria. Sie gehören zur Gruppe der Großen Tümmler, freundliche Wesen, wie man sie aus der alten Fernsehserie »Flipper« kennt. Nicht umsonst heißt diese Art im Kroatischen »dobri dupin« – »guter Delfin«. Lebten bis in die Sechzigerjahre des letzten Jahrhunderts noch mehrere Tausend Delfine in der Adria, so haben ihnen seit damals Überfischung, Wasserverschmutzung und der grausame Tod als Beifang in den Fischernetzen schwer zugesetzt. 2016, als wir unsere Exkursion antreten, liegt ihr Bestand nur noch bei etwa 220 Exemplaren. Die Tiere stehen unter Schutz, großangelegte Rettungsprojekte sollen das Überleben der Art sichern. Mit Erfolg: Inzwischen ist ihre Zahl wieder deutlich angestiegen.

Uns ist natürlich klar, dass es unter diesen Umständen äußerst unwahrscheinlich ist, auch nur eine Rückenflosse von ihnen zu Gesicht zu bekommen. Der Kapitän unseres Holzkutters ist fair genug, im Vorfeld klarzustellen, dass die Chance bloß bei mickrigen fünf Prozent liegt. Trotzdem genießen wir es, die Perspektive zu wechseln, Krk vom Wasser aus zu betrachten und gemütlich durch die Bucht zu schaukeln.

Am Abend bestellen wir fangfrischen Fisch in einem der Restaurants am Hafen von Njivice. Das einst verschlafene Fischer- und Bauerndörflein hat sich in den vergangenen Jahrzehnten zu einem recht hübschen Ferienort gemausert. Der Hafen mit seinen farbenfrohen Häusern wirkt ein bisschen so, als sei er von einem Tourismusexperten als Idealbild angelegt worden, um die Erwartungen der Feriengäste zu erfüllen. Fast jeden Abend gibt es hier Veranstaltungen, die den langen Urlaubstag mit bunten Eindrücken abrunden.

Dieses Mal wird die kleine Bucht von Scheinwerfern abwechselnd in die verschiedensten Farbtöne getaucht, dazu gibt es Live-Musik auf der kleinen Brücke, die einen Teil des Hafens überspannt. Später ziehen Paare in Folklorekostümen die Promenade entlang, begleitet vom Gesang einer Klapa-Gruppe. Die Klapa intonieren traditionelle Chorlieder aus Dalmatien, wobei jeder der meist männlichen Sänger eine andere Stimmlage hat. Aus dem komplexen Zusammenspiel ergibt sich ein harmonisches Klanggebilde, mit dem intensive Gefühle ausgedrückt werden.

Beschwingt durch ein Glas Žlahtina-Wein, die ungewöhnlichen Klänge und die entspannte Abendstimmung am kleinen Hafen von Njivice, haben wir uns zum Nachtisch noch ein verführerisches Stück Schokoladenkuchen mit Maraschino bestellt. Ausnahmsweise wollen wir über dessen Kaloriengehalt nicht weiter nachdenken. Denn auch morgen werden wir nicht versuchen, uns durch das Nadelöhr der Klancic-Gasse von Vrbnik zu zwängen.

File od oslić sa povrćem – Seehechtfilet mit Gemüse

Zutaten für 4 Personen:

4 Seehechtfilets à ca. 200 g
3 Tomaten
1 Zwiebel
1 rote Paprikaschote
1 gelbe Paprikaschote
1 Aubergine
1 Zucchini
1 unbehandelte Zitrone
2 Knoblauchzehen
1 Handvoll Basilikumblätter
250 ml trockener Weißwein
Olivenöl
Salz
Pfeffer

Zubereitung:

Die Zwiebel schälen und klein würfeln, die Knoblauchzehen schälen und fein hacken, die Paprikaschoten putzen und in schmale Streifen schneiden, Tomaten, Aubergine und Zucchini würfeln. In einer Pfanne einen guten Schuss Olivenöl erhitzen, erst die Zwiebeln, danach Auberginen, Zucchini und Paprika hinzugeben und rösten, bis das Gemüse leicht gebräunt ist. Nun Tomaten und Knoblauch dazugeben, salzen, pfeffern, den Wein darübergießen und bei mittlerer Hitze schmoren lassen, bis der Wein fast verdampft ist.

Die Fischfilets salzen und pfeffern. Die Zitrone in Scheiben schneiden.

Vier ca. 50 cm lange Stücke Alufolie von der Rolle abreißen und die Ränder jeweils nach oben drücken. Das Gemüse mittig auf die vier Folien geben, jeweils ein Fischfilet und eine Zitronenscheibe darauflegen. Die Basilikumblättchen zuoberst verteilen und die Alufolien zu Päckchen verschließen. Den Backofen auf 180°C vorheizen und die Fischpäckchen 15 Minuten lang darin backen. Anschließend auf Teller legen, 3–4 Minuten ruhen lassen und zum Verzehr die Alupäckchen öffnen.

Čokoladna torta s maraskinom – Schokoladenkuchen mit Maraschino

Zutaten:

150 g Mehl
120 g Butter
2 Eier
100 g Puderzucker
100 g gemahlene Mandeln
3 El Speisestärke
1 Pck. Vanilleextrakt
½ Pck. Backpulver
4 El Milch
4 El Kakaopulver
4 cl Maraschino-Likör
100 g Zartbitterschokolade
150 g dunkle Kuvertüre
Salz
Butter zum Einfetten

Zubereitung:

Die Butter zerlassen und die Eier in Eiweiß und Eigelb trennen. Die Eigelbe mit Puderzucker, der Butter und dem Vanilleextrakt schaumig aufschlagen. Das Mehl hinzusieben, dann Backpulver und Speisestärke hinzugeben und alles unterarbeiten.

Die Zartbitterschokolade im Wasserbad schmelzen und zusammen mit den Mandeln, dem Kakaopulver, dem Maraschino und der Milch unter den Teig arbeiten. Die Eiweiße mit einer guten Prise Salz sehr steif schlagen und danach vorsichtig unter den Teig heben.

Eine Springform gut mit Butter einfetten, den Teig hineinfüllen. Den Backofen auf 180°C vorheizen und den Kuchen ca. 40 Minuten lang backen. Aus der Springform nehmen und komplett auskühlen lassen. Danach mit der im Wasserbad geschmolzenen Kuvertüre überziehen.

Für Naschkatzen, die durch keine engen Gassen wollen: Dazu passen Maraschinokirschen, Vanilleeis und Schlagsahne.

Fluch der Adria – Liudisclau, der wilde Pirat

Liudisclau war ein charismatischer Typ. Seine kantigen Gesichtszüge rahmte ein verwegener Bart, und listig blitzten die dunklen Augen unter den buschigen Brauen. Er strotzte vor Kraft, Selbstbewusstsein und Tatendrang. Und er war schlau genug, schon als junger Bursche genau zu überlegen, welche Freundschaften und Bündnisse ihm taktische Vorteile verschafften. Kein Wunder, dass er eines Tages zum Anführer aufstieg. Er gehörte zum Stamm der Narentaner, den gefürchteten Piraten der Adria. Und so kam es, dass Liudisclau die wilden und tollkühnen Freibeuter auf ihren gnadenlosen Beutezügen kommandierte.

Es herrschten unruhige Zeiten. Nach der Teilung des Römischen Reichs hatte Byzanz die Macht im östlichen Mittelmeerraum übernommen. Doch jetzt, im neunten Jahrhundert, regte sich immer mehr Widerstand gegen die Potentaten im fernen Kleinasien. Andere, allen voran das stolze Venedig, rangen darum, ihren Einfluss in der Region zu vergrößern und zu sichern.

Die wichtigste Grundlage dafür stellte der Handel dar, denn mit exotischen Luxusgütern wie Seide, Gewürzen, Elfenbein, Pelzen und Duftessenzen ließ sich ein Vermögen verdienen. Venezianische Schiffe brachten diese Waren aus dem Orient in die norditalienische Heimat, im Gegenzug schafften sie Gold,

Silber, Bernstein, Juwelen und Sklaven aus Nordeuropa zu den unersättlichen Märkten des Morgenlandes.

Auf ihrem Weg mussten die reich beladenen Handelsschiffe die Adria durchqueren. Hier befand sich auf halber Strecke, gut geschützt durch vorgelagerte Inseln, das Reich Paganien an der zerklüfteten Küste des Balkans. Liudisclaus Stamm der Narentaner herrschte in diesem Reich, das unbezähmbare Seevolk, das sich nicht nur beharrlich weigerte, die Herrschaftsansprüche des oströmischen Byzanz anzuerkennen, sondern sich auch dessen christlichen Missionaren trotzig widersetzte. Schließlich hatten die Narentaner ihre eigene Lebensphilosophie ja im Dasein als berüchtigte Piraten gefunden.

So geriet die Passage durch die Gewässer vor der dalmatinischen Küste für die venezianischen Händler zum Himmelfahrtskommando. Näherte sich eine der schwer beladenen Handelskoggen dieser Gegend, so spähte der Ausguck furchtvoll aus seinem Krähennest am Vormast und suchte ohne Unterlass mit zusammengekniffenen Augen den Horizont ab. Wehe dem Schiff und seiner Besatzung, wenn er die leuchtend roten Segel der verteufelten Narentaner ausmachte. Die behäbigen Galeeren hatten keine Chance, den flinken und wendigen Piratenschiffen zu entkommen.

Ausgebufft, wie er war, hatte Liudisclau Kontakt zu den Sarazenen aufgenommen, den arabischen Piraten, die ihrerseits den Rest des Mittelmeerraums mit ihren Raubzügen in Angst und Schrecken versetzten. Es gelang ihm, deren Anführer davon zu überzeugen, dass beide Seiten profitieren könnten, wenn sie gemeinsame Sache machten. Er versprach, dass die Narentaner ihr eigenes Revier nicht ausdehnen würden, wenn die Sarazenen ihrerseits den östlichen Adriaraum weiterhin mieden. Im Gegenzug zu dieser Vereinbarung tauschten die Halunken ihr Wissen um den Schiffsbau untereinander aus.

Die Schiffe der Sarazenen galten als die schnellsten jener Zeit, und bereitwillig teilten die Orientalen die Geheimnisse um den Bau dieser windschnittigen Fahrzeuge mit ihren neuen Verbündeten. Denn auch die Narentaner konnten mit technischen Kniffen zur Perfektionierung der Seeräuberflotte beitragen. Schon zur Zeit des Alten Rom hatten illyrische Freibeuter von Dalmatiens Küste aus mit schnellen Booten ihre Beutezüge angetreten. Kein Wunder, dass man ihre Schiffe »Sagitta« nannte, denn das ist das lateinische Wort für Pfeil. So kam es, dass auch die Narentaner als Nachfolger der antiken Balkanpiraten flink über die Meere zu gleiten wussten.

Jetzt aber kommandierte Liudisclau eines der innovativen Boote, in dessen Architektur das Knowhow von Sarazenen und Narentanern zusammenfloss. Dreieckige Lateinersegel sorgten für schnelle Fahrt, geschickte Ruderer vollbrachten blitzschnelle Wendemanöver. Aus dem Bug ragte ein Rammbock hervor, dazu gemacht, die dickbäuchigen Galeeren aufzuschlitzen. Kaum stürzte deren Mannschaft mit schreckgeweiteten Augen zum Ort des Geschehens, da warfen die Seeräuber auch schon ihre Enterhaken und stürmten an Deck. Sie plünderten und rafften alles zusammen, dessen sie habhaft wurden, und wehe all den Handelsreisenden, die sich ihnen dabei in den Weg stellten. Denn diese wurden gnadenlos niedergemetzelt.

Der Überfall kam wie ein vernichtendes Blitzgewitter. Ehe man sich versah, da verschwanden die blutroten Segel schon wieder gen Horizont. Und die geschundene Galeere sank wie ein verletztes Tier zur Seite, während die Meereswogen gierig an ihren Planken leckten.

Ein untragbarer Zustand! Voller Zorn ballte Pietro, der Doge von Venedig, die rechte Hand zur Faust, als der Bote ihm die Nachricht überbrachte. In dieser Woche war das schon die dritte Hiobsbotschaft! Schon wieder ein Schiff mit kostbarer Ladung geplündert und versenkt, schon wieder ein Vermögen verloren. Und von den vielen Toten ganz zu schweigen! Was maßten sich diese narentanischen Verbrecher bloß an?

Oblag nicht ihm, Pietro, als dem Regenten der Lagunenstadt die Pflicht, seine Handelsflotte zu schützen? Venedig, dessen war er gewiss, würde sich schon bald zur unangefochtenen Herrscherin im östlichen Mittelmeerraum aufschwingen. Niemand durfte es wagen, sich der Serenissima dabei in den Weg zu stellen.

Pietros Blick verfinsterte sich. Grimmig fauchte er den Boten an, als trage dieser die Verantwortung für das Geschehene. »Nun reicht es, Kerl! Solche Nachrichten wirst du nie mehr überbringen!« Wutentbrannt hob er die Stimme. »Wir rüsten die Kriegsgaleeren und segeln nach Paganien! Tod den Piraten!«

An der nördlichen Grenze Paganiens lag das Seeräubernest Omiš. Hier mündet der kristallklare Karstfluss Cetina ins adriatische Meer. Auf seinem Weg hat er sich tief in die hohen Felsen des Karstgebirges eingeschnitten. Dabei sind die wundersamsten Formen im Gestein entstanden, außerdem Wasserfälle, Seen und unterirdische Kanäle. Am Ende seines Unterlaufs hat der Fluss einen engen Canyon modelliert, durch den er sich hindurchzwängt, bevor er auf dem letzten ebenen Stück sanft und ruhig zu seiner Mündung dahinfließt.

Am Beginn dieses Mündungslaufs schmiegten sich die Häuser von Omiš vor der Schlucht an die steile Klippe. Was hinter dem gewundenen Engpass des Canyons lag, blieb dem Auge von hier aus verborgen. Dort ließen sich kleinere Schiffe verstecken, und drohte ein Angriff, so fanden auch die Familien in den Felshöhlen hinter dem Canyon einen sicheren Unterschlupf. Gewitzt wie sie waren, nutzten die Piraten diesen geografischen Vorteil und machten Omiš zu einem ihrer wichtigsten Stützpunkte. Von hier aus führte Liudisclau sein Kommando.

Längst schon hatte der Doge Pietro sich über die Strategien der Feinde informiert und wusste von deren Hauptquartier. »Wir erobern Omiš«, befahl er dem Kommandanten seiner Kriegsflotte. »Dort stellen wir Liudisclau, den Hauptmann. Wenn Liudisclau besiegt und das verfluchte Räubernest ausgehoben ist, haben wir mit dem Rest der Bande leichtes Spiel.«

Der Kommandant fackelte nicht lange. Entschlossen ließ er die Segel hissen und lenkte die venezianische Flotte in Richtung Omiš, bewaffnet bis an die Zähne.

Doch Liudisclau war kein Dummkopf. Deshalb besaß er ein Netzwerk von Spähern entlang der adriatischen Küste. Als die Venezianer ihre Kriegsschiffe aufs offene Meer hinaussteuerten, da eilte die Nachricht ihnen schon voraus und erreichte Liudisclau, lange bevor sich die Angreifer den narentanischen Gewässern näherten.

Als kluger Stratege hielt Liudisclau für den Fall eines Angriffs natürlich auch längst einen Plan in der Hinterhand. Und nun hieß es handeln! Auf das vereinbarte Zeichen hin setzte ein Teil der Piraten geschwind die Segel der größeren Schiffe und verteilte sich entlang der zerklüfteten Küste. Hier, in den zahllosen Buchten, verbargen sie die Schiffe sorgsam hinter Felsvorsprüngen, sodass sie vom Meer her unsichtbar blieben.

Nur die kleinsten und flinksten der Freibeuterboote dümpelten jetzt noch scheinbar arglos vor der Flussmündung von Omiš. Als die venezianischen Kriegsgaleeren in Kampfformation am Horizont auftauchten und rasch näherkamen, da warfen sich die Narentaner in die Riemen dieser Boote und nahmen Kurs auf den Hafen von Omiš. Heimtückisch lockten sie die Venezianer so in den Mündungslauf der Cetina hinein.

Schon vermeinten die Angreifer, mit den Piraten in ihren Nussschalen leichtes Spiel zu haben, wenn diese erst im Hafen vor dem felsigen Abhang in die Enge getrieben wären. Doch wie hatten sie sich geirrt! Die Narentaner manövrierten ihre Boote am Hafen vorbei und weiter durch den engen Canyon hindurch, wohin die Venezianer mit ihren mächtigen Galeeren nicht folgen konnten. Im Handumdrehen verschwanden die Freibeuter hinter den Klippen. Und während die Venezianer ihnen noch ratlos hinterherschauten, da schnappte die Falle des Liudisclau zu.

Denn vom Meer herkommend tauchten jetzt die großen Piratenschiffe auf und schnitten den Venezianern den Weg aus der Mündung ab. Hier jedoch, im schmalen Flusslauf, konnten die Galeeren nicht manövrieren, um sich den Angriffen zu entziehen. Von allen Seiten fielen die Narentaner brüllend über die Eingekesselten her. So begann eine blutige und verheerende Schlacht. Hunderte ließen ihr Leben, darunter auch der Doge Pietro, der seine Rechnung ohne den fintenreichen Liudisclau gemacht hatte.

Wild entschlossen und todesmutig errangen die Piraten schon bald die Oberhand. Den letzten überlebenden Venezianern ließ Liudisclau eine einzige Galeere, mit der sie die Nachricht von der Tragödie in die Lagunenstadt bringen mussten. Und außerdem schickte er noch eine weitere Unglücksbotschaft an die hochmütige Serenissima. Denn er verlangte fortan hohe Tributzahlungen von den Venezianern. »So könnt ihr euch die Passage entlang unserer Küste erkaufen«, fügte er hämisch hinzu. »Doch wehe euch, wenn ihr nicht pünktlich zahlt! Unsere Schiffe liegen bereit, euch den Garaus zu machen.«

Kleinlaut willigten die Geschlagenen ein. Von nun an berappte Venedig Passiergeld an die Narentaner, und zahlte es nicht zur rechten Zeit, so fuhren die Freibeuter wieder hinaus und trieben ihr Unwesen unter den Handelsschiffen. Schnell sahen die Venezianer ein, dass eine fristgerechte Begleichung der Forderungen das kleinere Übel darstellte. Und auch die Narentaner profitierten bei dem Handel. Denn nun konnten sie daheimbleiben und fanden dabei trotzdem ein prächtiges Auskommen. Sie feierten ihren Anführer Liudisclau als großen Volkshelden. Nichts schien ihrem Sieg und ihrer Vormachtstellung an der östlichen Adria noch etwas anhaben zu können. Mehr als 100 Jahre lang währte der Triumph der Narentaner.

Doch dann zeigte die Kehrseite des Abkommens ihr tückisches Antlitz. Ganz Venedig hatte nämlich inzwischen durch die ungestörten Handelsgeschäfte enormen Reichtum erlangt. Das ermöglichte den stolzen Bürgern ein komfortables Leben, zudem trug es ihnen Respekt und ein überaus nützliches Netzwerk von Verbündeten ein. Es erlaubte ihnen darüber hinaus aber auch, eine wirkmächtige Kriegsflotte bereitzustellen.

Damit erlangte Venedig schließlich die Vorherrschaft im gesamten östlichen Mittelmeerraum. Die Piraten wischte es aus dem Weg, als seien diese nichts als lästige Insekten. Ehe die Narentaner wussten, wie ihnen geschah, fanden sie sich unter venezianischer Oberhoheit wieder. Das Piratenhandwerk hatten sie längst verlernt, und wagten sie sich dennoch auf Beutezug hinaus, so eilte die venezianische Kriegsflotte herbei und bereitete den Umtrieben ein rigoroses Ende. Die früheren Seeräuber und späteren Geldeintreiber verwandelten sich alsbald in friedliche Bauern und Fischer.

Die Geschichte von Liudisclau, dem draufgängerischen Anführer, ist im Lauf der Jahrhunderte verblasst. Ob es sich wirklich genauso abgespielt hat, weiß niemand mehr zu sagen. Doch der Mythos lebt weiter. Stolz rühmt sich das Städtchen

Omiš bis zum heutigen Tag als Hochburg der Piraterie. Und tatsächlich erscheint die romantische Altstadt zwischen Fels, Canyon, Fluss und Meer wie das Musterbild eines Seeräubernests.

Alljährlich im August findet ein ausgelassenes Piratenfest statt, bei dem mehr als 100 Teilnehmer mit Nachbauten historischer Schiffe die legendäre Seeschlacht von Omiš nachstellen. Was macht es da schon, dass die tatsächlichen Fakten vom Nebel der Zeiten verhüllt worden sind und keiner mehr die wahre Geschichte des furchtlosen Liudisclau so genau kennt?

Ajvar – Paprika-Auberginen-Mus

Zutaten:

1 kg rote Paprika
2 Auberginen
2 Knoblauchzehen
Saft von ½ Zitrone
100 ml Olivenöl
Salz
Pfeffer

Zubereitung:

Auberginen und Paprika waschen und halbieren, die Paprika entkernen. Den Backofen auf 200°C vorheizen, ein Backblech mit Backpapier auslegen und zunächst die Auberginen mit der Schnittstelle nach unten darauflegen. 20 Minuten lang backen, dann die Paprika hinzulegen und alles weiterbacken, bis die Haut der Paprika zu bräunen beginnt. Herausnehmen und mit einem feuchten Geschirrtuch abdecken.

Nach 15 Minuten die Haut vom Gemüse komplett abziehen und das Gemüse durch ein Sieb in einen Topf streichen. Die Knoblauchzehen häuten, durch die Knoblauchpresse pressen und mit Olivenöl und Zitronensaft hinzugeben. Salzen, pfeffern und langsam erhitzen. 15 Minuten unter ständigem Rühren köcheln lassen, dann sofort in Gläser füllen. Die Gläser verschließen, umdrehen und 10 Minuten lang auf dem Deckel stehen lassen.

Der Ajvar ist mehrere Monate lang haltbar.

In der klassischen Variante besteht Ajvar nur aus Paprikaschoten, die so lange in Öl gegart werden, bis sie zu Mus zerfallen. Heute nimmt man gerne Auberginen hinzu, nach Geschmack auch Zwiebeln und/oder Peperoni. Ajvar ist in allen Balkanstaaten verbreitet und in Variationen auch in Südosteuropa und der Türkei bekannt. Er eignet sich als würzende Zugabe in Suppen und Saucen, als Beilage vermischt mit Reis oder im Risotto, als Nudelsauce, kalt als Beigabe zu Fleischgerichten, Rohkost oder Fingerfood, mit Sauerrahm oder Joghurt vermischt als Dipp oder einfach als würziger Brotaufstrich.

Erbitterte Gegner – von Krieg und Unversöhnlichkeit

Bei solchen Nachrichten möchte man verzweifeln. Pünktlich zum Jahreswechsel 2017/2018 hat Slowenien seine Grenze zu Kroatien verschoben. Einem internationalen Schiedsspruch folgend, beansprucht es nun 80 Prozent der Bucht von Piran in der nördlichen Adria. Für die Kroaten ist es aber die Bucht von Savudrija, und die Grenze gehört nach ihren Vorstellungen genau in die Mitte dieses kleinen Meeresgolfs.

Es geht zwar nur um 31 Quadratkilometer Wasser, und doch hat dieser Konflikt enorme Sprengkraft. Denn er zeigt, dass in den Gebieten des ehemaligen Jugoslawiens auch Jahrzehnte nach dem 1991 beginnenden Zerfall des sozialistischen Staatsgebildes noch immer nicht viel mehr als ein zerbrechlicher Burgfriede herrscht.

Im Vorfeld des internationalen Schiedsspruchs gab es Ärger. Ein Mitglied des Gremiums gab unrechtmäßig Informationen an eine slowenische Diplomatin weiter, woraufhin Kroatien, dessen Geheimdienst das entsprechende Telefonat abgehört hatte, sich aus dem Verfahren zurückzog. Die Anerkennung des Schiedsspruchs lehnte das Land dementsprechend ab. Kaum verkündete Slowenien die Verlegung seiner Grenze, da machte sich prompt ein kroatischer Fischer auf den Weg, um eskortiert von kroatischen Polizeibooten in den neuerdings slowenischen Gewässern seiner Arbeit nachzugehen.

Sloweniens Polizei beobachtete den Vorgang mit Argusaugen. Fischern, die Grenzverletzungen begehen, kündigte Slowenien die Erhebung von Bußgeldern an, Kroatien wiederum rief dazu auf, diese Forderungen einfach zu ignorieren.

Beide Länder sind Mitglieder der Europäischen Union. Slowenien drohte jedoch mit der Blockade des von Kroatien gewünschten Beitritts zur Eurozone, zur Wirtschaftsorganisation OECD und zum Schengenraum. Was wie ein Streit auf Kindergartenniveau wirkt, zeigt die tief sitzende Feindseligkeit, ja, fast möchte man sagen, den Hass zwischen beiden Ländern. Schon als Kroatien die EU-Mitgliedschaft anstrebte, versuchte Slowenien diesen Vorgang wegen des Grenzstreits zu blockieren. Die anderen Mitgliedsstaaten konnten das mit viel Mühe verhindern, woraufhin der internationale Schiedsspruch initiiert wurde, der wiederum für erneuten Streit sorgte.

Zudem schwelen ähnliche Konflikte auch bezüglich der Mitgliedschaft der Beitrittskandidaten Nordmazedonien, Bosnien-Herzegowina, Serbien und Montenegro. Bei den drei Letzteren ist es Kroatien, das den genauen Grenzverlauf zwischen seinem eigenen Territorium und dem der anderen infrage stellt. Mit Serbien streitet es um die Grenze an der Donau, mit Bosnien-Herzegowina um die Seegrenze bei Neum, mit Montenegro um die Grenzmarkierung in der Adria. Und immer geht es nur um relativ kleine, mitunter sogar winzige Gebiete.

Warum bloß verhalten sich die Staaten, die aus dem ehemaligen Jugoslawien hervorgegangen sind, untereinander so unversöhnlich?

Ich habe Zlatko gefragt, den Guide aus Dubrovnik. Er ist ein aufgeschlossener Mann, dem bei seiner Arbeit Menschen aus aller Welt begegnen. Deshalb weiß er, wie wichtig Offenheit, gegenseitiges Verständnis und Kompromissbereitschaft in Zeiten der Globalisierung sind, und auch, dass wir alle davon profitieren, wenn wir freundlich miteinander umgehen. Oder etwa nicht?

»Freundlich?« Zlatko rümpft die Nase. »Etwa mit denen?« Er schnaubt verächtlich. »Die sind ja auch nicht freundlich zu uns. Das hat zum Beispiel die Schokoladenkrise gezeigt!«

Schokoladenkrise? Verwundert sehe ich ihn an. Sind wir nun also doch im Kindergarten gelandet?

Aber Zlatko nimmt das Ganze sehr ernst. »Stell dir vor«, beginnt er seine Erläuterung, »eine unserer Diplomatinnen hat vor ein paar Jahren einmal Pralinen als Weihnachtsgruß an den slowenischen Außenminister geschickt. Das ist doch wirklich eine nette Geste, oder? Und was macht der? Schickt das Ganze einfach zurück und schreibt auch noch ‚I feel Slovenia' drauf! Das ist ziemlich unverschämt, oder?«

Im weiteren Verlauf des Gesprächs zeigt sich, dass es sich mit dieser Brüskierung offenbar nicht ganz so einfach verhält. Denn die Pralinenpackung zierte eine Reliefkarte Kroatiens inklusive der umstrittenen Grenze in der Bucht von Piran – und zwar so, wie diese Grenze nach kroatischen Vorstellungen auszusehen hat. Deshalb fühlte sich der slowenische Außenminister erheblich auf den Schlips getreten. Auch wenn das Ganze auf Außenstehende bloß wie eine lächerliche Stichelei wirken mag, schlugen die Wellen der Empörung auf beiden Seiten hoch. Und die Schokoladenkrise war damit keineswegs beendet, nein!

»Unsere damalige Staatspräsidentin Kolinda Grabar-Kitarović hat danach bei einem Besuch hier in Dubrovnik Schokolade an Kindergartenkinder verteilt. Und – das will man ja kaum glauben – wo wurde diese Schokolade hergestellt?« Er legt eine dramatische Pause ein und sieht mich fragend an. »In Slowenien!«, bricht es dann aus ihm heraus. »Wie kann man so dumm sein?«

Zlatkos Empörung ist echt. Mit sichtlicher Genugtuung fügt er noch hinzu, dass die Präsidentin sich für ihren Fauxpas in aller Form entschuldigen musste.

Verständnislos schüttle ich den Kopf. Eine Erklärung für die Streitigkeiten zwischen den Ländern hat Zlatko mir nicht gegeben, stattdessen wirft er nur weitere Rätsel auf. Doch dann legt sich sein Ärger allmählich. »Wir alle haben ziemlich viel durchgemacht«, sagt er. »Deshalb ist die Wut vielfach noch so groß.«

Als der jugoslawische Staat auseinanderbrach, entstanden in den verschiedenen Regionen separatistische Bewegungen. Denen stand auf der anderen Seite die Jugoslawische Volksarmee gegenüber, die den Zerfall des Landes mit Gewalt verhindern wollte. Der Westen aber, so meint Zlatko, hatte ein großes Interesse daran, den Kommunismus zu Fall zu bringen. Deshalb unterstützte er bereitwillig die einzelnen separatistischen Lager, ohne dabei zu registrieren, dass sich in diesen vor allem überzeugte Nationalisten zusammenschlossen. Die radikalen Nationalisten bekamen auf diese Weise Macht und Einfluss, und leider setzte sich dabei eine stark rechtsradikal geprägte Denkweise immer mehr durch.

»Der Westen wollte das aber nicht zur Kenntnis nehmen«, kritisiert Zlatko. »Die Nationalisten, so dachte man, würden den Kommunismus auslöschen und dann flugs zu Vorzeigedemokraten nach westlichem Vorbild mutieren. Das war natürlich großer Quatsch. Es sind die extremen Nationalisten in allen Staaten, die immer wieder neue Konflikte heraufbeschwören. Wohin das führen kann, haben die schrecklichen Kriege ja gezeigt.«

Seine Züge verfinstern sich, und es scheint, als ob dunkle Schatten über sein Gesicht huschten, während er mir dann von der Belagerung seiner Heimatstadt Dubrovnik erzählt.

Nach dem Referendum im Mai 1991 hatte Kroatien bereits im Juni seine Unabhängigkeit vom restlichen Jugoslawien erklärt. Umgehend griff die Jugoslawische Volksarmee Dubrovnik an und belagerte die Stadt monatelang. Die geografischen Besonderheiten, die Dubrovnik in der Vergangenheit einen strategischen Vorteil verschafft hatten, erwiesen sich jetzt als fatal. Denn das Gebirge im Landesinneren und außerdem der schmale Korridor Bosnien-Herzegowinas, der Dubrovnik vom restlichen Kroatien trennt, machten eine Versorgung der Bevölkerung oder die Verteidigung der Exklave durch kroatische Streitkräfte vom Festland aus unmöglich. Bestenfalls ließ sich die Stadt noch über den Seeweg erreichen. Und weil Dubrovnik schon seit 1971 eine entmilitarisierte Zone war, gab es vor Ort keinerlei militärische Anlagen oder Ausrüstungen, die sich zur Verteidigung hätten nutzen lassen.

Die Streitkräfte der Jugoslawischen Volksarmee, denen neben anderen der später als Kriegsverbrecher angeklagte Serbe Slobodan Milošević vorstand, meinten deshalb, mit der Eroberung von Dubrovnik leichtes Spiel zu haben. Um die innerhalb der Stadtmauern eingekesselte Bevölkerung zu zermürben, begannen sie Luftangriffe sowie gezielte Schläge mit Artillerie- und Mörsergeschossen. Als der erhoffte Erfolg ausblieb, kappten sie Anfang Oktober alle Strom-, Wasser- und Telefonleitungen und versperrten die Hafeneinfahrt mit Kriegsschiffen. So hofften sie, die Bevölkerung auszuhungern, zur Flucht zu zwingen und die Stadt anschließend endlich einnehmen zu können.

»Am schlimmsten wurde es am 6. Dezember«, fährt Zlatko fort, und bei der Erinnerung stockt ihm die Stimme. »Noch am Vorabend hieß es, die kroatische Regierung und die Volksarmee hätten ein Abkommen getroffen. Deshalb schöpften wir

Hoffnung und gingen beruhigt schlafen. Niemand suchte die Schutzräume auf. Doch das erwies sich als fataler Fehler. Schon vor Morgengrauen griff die Volksarmee an. 650 Mörsergranaten gingen auf uns nieder, sogar Lenkraketen feuerte die Volksarmee ab. Überall brannte es, überall gab es Verletzte, manche davon starben. Sie alle waren Zivilisten.«

Trotz der jugoslawischen Marineabwehr gelang es kroatischen Schiffen während der Herbstmonate dreimal, mit Hilfsgütern bis zum Hafen der Stadt vorzudringen. Und allen Widernissen zum Trotz hielt die Bevölkerung der Belagerung acht Monate lang stand. Am 31. Mai 1992 gelang es kroatischen Truppen endlich, die Stadt zu befreien.

Zuvor hatte die Jugoslawische Volksarmee aus den südlich von Dubrovnik gelegenen Dörfern 33.000 Einwohner vertrieben, die Ortschaften wurden geplündert. Mehr als 300 Menschen verloren bei den Angriffen auf Dubrovnik ihr Leben. Die Stadtmauer und mehr als 11.000 Gebäude, viele davon mit historischer Bedeutung, erlitten erhebliche Schäden. Fast kein einziges Dach blieb unversehrt. Der Sachschaden wurde auf knapp 250 Millionen Euro geschätzt. Und obwohl Dubrovnik schon längst zum UNESCO-Weltkulturerbe gehörte, schwieg die Weltöffentlichkeit zu den Vorgängen. Auch sah sich niemand dazu veranlasst, rechtzeitig einzugreifen und der Bevölkerung zu helfen.

»Auf den Wehrmauern der Altstadt wehte die blaue Fahne der Vereinten Nationen, als Zeichen dafür, dass Dubrovnik unter dem Schutz der UNESCO stand. Es gab keine kroatischen Streitkräfte innerhalb der Stadtmauern, nur normale Bürger und unbewaffnete Beobachter der Europäischen Union. Warum haben die Truppen Dubrovnik attackiert? Und warum hat der Rest der Welt nicht protestiert, warum hat niemand eingegriffen?« Zlatkos Verbitterung ist deutlich zu hören, während er spricht. »Was nutzt es da noch, dass die Angriffe auf Dubrovnik inzwischen als Kriegsverbrechen und Verstoß gegen die Genfer Konventionen gewertet werden?«

Bis heute ist unklar, warum die Jugoslawische Volksarmee Dubrovnik überhaupt attackiert hat. Es gab dort keine strategischen Ziele, hätte sie die Stadt aber dennoch ernsthaft einnehmen wollen, so wäre ihr dies angesichts ihrer militärischen Überlegenheit mit Sicherheit auch gelungen. Selbst die Prozesse vor dem Den Haager Kriegsverbrechertribunal konnten die Motive der Volksarmee nicht erhellen. Doch Zlatko meint, eine Erklärung zu haben.

»Das war nichts als purer Hass«, meint er. »Die Volksarmee und vor allem die ihr angehörenden Serben wollten die Unabhängigkeit Kroatiens um jeden Preis verhindern. Von Anfang an machten sie klar, dass sie für jeden verlorenen Posten innerhalb Kroatiens ein anderes Objekt angreifen würden. So war Dubrovnik nur ein wehrloser Spielball in diesem Konflikt. Und das, obwohl auch viele Serben in Dubrovnik lebten.«

Während Zlatko eine nachdenkliche Pause einlegt, schweige ich betreten. Doch dann gleitet ein flüchtiges Lächeln über seine Züge. »Der einzige Vorteil war, dass die EU Kroatiens Unabhängigkeit kurz nach dem Angriff auf Dubrovnik völkerrechtlich anerkannt hat. Politisch gesehen haben wir deshalb gesiegt.«

Wie groß aber die Spannungen und die unterschiedlichen Auffassungen in den Staaten des ehemaligen Jugoslawiens noch immer sind, hat nicht zuletzt der Selbstmord des kroatischen Generals Slobodan Praljak vor dem Internationalen Strafgerichtshof in Den Haag im November 2017 gezeigt. Während dieser Mann grausamer Massaker an bosnischen Bürgern bezichtigt wird, die im Oktober 1993 während des Krieges begangen wurden, feierten ihn nach seinem Suizid nationalistische Kroaten als Märtyrer des Vaterlands und leugnen weiterhin seine Verbrechen.

Es scheint, dass es in den Staaten des ehemaligen Jugoslawiens noch ein langer Weg ist bis zu wirklichem Frieden und einer Versöhnung aus innerer Überzeugung.

Šporki makaruli – »schmutzige Makkaroni«

Zutaten für 4 Personen:

600 g mageres Rindfleisch
500 g Makkaroni
4 Zwiebeln
80 g eingelegte getrocknete Tomaten (abgetropft)
50 g Schweineschmalz
2 Knoblauchzehen
250 ml Rotwein
100 g Schafskäse
1 Handvoll gehackte Blattpetersilie
2 Lorbeerblätter
gemahlener Zimt
Chilipulver
Pfeffer
Salz

Zubereitung:

Das Fleisch von Sehnen und Fett befreien und in Würfelchen von ca. 1,5 cm Seitenlänge schneiden. Die Zwiebeln schälen und würfeln. Die getrockneten Tomaten in kleine Stücke schneiden, den Knoblauch enthäuten und fein hacken.

Das Schweineschmalz in einem Topf erhitzen und die Zwiebeln darin glasig anbraten. Das Fleisch hinzugeben und anbraten, bis keine Flüssigkeit mehr übrig ist und das Fleisch zu bräunen beginnt. Nun die Tomaten hinzugeben, kurz mitbraten und mit dem Rotwein sowie 100 ml Wasser ablöschen. Aufkochen, dann die Hitze reduzieren, bis die Flüssigkeit nur noch leicht köchelt. Lorbeerblätter, Knoblauch und Petersilie hinzugeben, mit Salz, Pfeffer und je einer Prise Zimt und Chilipulver würzen und 2 Stunden lang köcheln lassen. Gelegentlich umrühren, eventuell etwas Wasser nachgießen.

Die Makkaroni in gesalzenem Wasser bissfest kochen, durch ein Sieb abgießen und zurück in den Topf geben. Die fertige Fleischsauce darübergießen und gut umrühren. Bei ganz geringer Hitze 10 Minuten lang auf dem Herd durchziehen lassen, dabei ab und zu rühren. Den Schafskäse zerbröckeln, die Makkaroni auf Tellern anrichten und mit dem Schafskäse bestreuen.

Dieses Gericht wurde traditionell nach der Prozession zu Ehren des Schutzheiligen von Dubrovnik, Sankt Blasius, serviert. Es wird »schmutzig« genannt, weil die Sauce die Nudeln dunkel wirken lässt.

Eine schwammige Angelegenheit – die Taucher von Krapanj

Joško geht einer ungewöhnlichen Tätigkeit nach. Der drahtige Enddreißiger ist gerade dabei, ein paar Utensilien in seinem Motorboot zu verstauen: eine Taucherausrüstung, ein paar kleine Netze und einen Picknickkorb mit Brot und Getränken. Sein Boot liegt am kleinen Hafen der Insel Krapanj, die rund 400 Meter vom Festland entfernt vor der norddalmatinischen Ortschaft Brodarica im Meer liegt.

Eigentlich wäre Krapanj nicht weiter erwähnenswert. Es ist nur eine der 1.244 Inseln Kroatiens und zählt zum Archipel von Šibenik, einer Stadt in der Nähe der Mündung des Flusses Krka. Krapanj ist die kleinste dieser Inseln und mit mickrigen 125 Zentimetern maximaler Höhe auch die flachste. Eine etwas höhere Welle, und schon wäre ganz Krapanj darunter verschwunden. Trotzdem leben fast 250 Menschen auf dem nur 0,36 Quadratkilometer großen Inselchen und machen es damit nicht nur zum kleinsten bewohnten Eiland Kroatiens, sondern auch zum am dichtesten besiedelten seines gesamten Archipels. Warum?

Joško hat jetzt nicht viel Zeit, aber er verspricht, mir später von dem Griechen zu erzählen, der das Leben auf Krapanj vor rund 300 Jahren vollkommen umgekrempelt hat. Wenn er von seiner Ausfahrt zurückkommt, können wir uns im Spongiola treffen, meint er. Das Spongiola ist das einzige Hotel der Insel, im Restaurant gibt es Fischspezialitäten und lokalen Wein. Und es sei genau der richtige Ort, um mir von seiner Tätigkeit zu erzählen, fügt Joško hinzu. Denn »Spongiola« bedeutet so viel wie »Schwamm«.

Genau diese Schwämme sind es, um die Joškos Arbeitsalltag kreist. Er ist Schwammtaucher, und damit übt er einen wirklich exotischen Beruf aus. Tatsächlich ist Krapanj die einzige Adriainsel, auf der es Schwammfischerei gibt.

Schwämme sind sehr einfache Organismen, die aus nichts als einer Zusammenballung von ein paar unterschiedlichen Zelltypen bestehen, die wiederum jeweils auf eine bestimmte Funktion spezialisiert sind. Die Wesen haben keine Organe, keine Muskeln und keine Nerven. Sie setzen sich auf felsigem Untergrund fest und ernähren sich von Plankton, das sie dem vorbeiströmenden Meerwasser entnehmen. Dabei kann ein Schwamm mit 20 Zentimetern Durchmesser täglich an die 2.000 Liter Wasser filtern.

Der Zellverbund erhält eine gewisse Stabilität dadurch, dass die Schwämme ein Skelett bilden. Je nach Art kann das aus unterschiedlichen Substanzen aufgebaut sein, manche Schwämme formen ihr Gerüst aber aus Spongin, einem flexiblen, relativ weichen, kollagenartigen Protein, das chemisch einem Seidenfaden ähnelt. Das macht diese Gruppe von Schwämmen für den Menschen interessant. Denn schon seit Jahrtausenden wissen Badende die Saugfähigkeit und geschmeidige Elastizität dieses Gebildes zu schätzen.

»Kein Schwamm ist besser als der dalmatinische!«, weiß Joško und nickt zufrieden, als er am Abend bei Wein, gegrilltem Tintenfisch und Kerzenschein seine Erzählung beginnt. »Es gibt zwar vielerorts im Mittelmeer Schwämme, aber nirgends sind sie so fein und weich wie hier bei uns.« Das sei auf das besonders saubere Wasser vor der Küste Dalmatiens zurückzuführen, meint Joško. Schwämme mögen zwar eine primitive Lebensform sein, dennoch sind sie ausgesprochen heikel, was ihre Lebensbedingungen anbelangt. Sie mögen ruhige Plätze mit starker Strömung, felsigem Untergrund, wohliger Wärme und klarem Salzwasser. Dalmatinische Schwämme wachsen besonders langsam, erst nach etwa vier Jahren messen sie 15 Zentimeter. Das ist die Mindesterntegröße, besser noch ist es, wenn die Exemplare 20 Zentimeter groß geworden sind. Dann hatten sie nämlich genügend Zeit, sich zu vermehren. Dazu stoßen sie Eier ab, aus denen sich Larven entwickeln, die sich ihrerseits ein Plätzchen suchen, an dem sie sich zu Schwämmen entwickeln können. Außer dem Menschen kennen sie nur wenige Feinde, auch deshalb können sie ein enormes Alter erreichen. Manche polaren Arten werden sogar sagenhafte 10.000 Jahre alt.

»Neben den Kleinstlebewesen filtern Schwämme auch Jod aus dem Meerwasser«, erklärt Joško. »Weil sie das in ihrem Skelett einlagern, wirken sie auf natürliche Weise antibakteriell.« Er lacht auf. »Erzähl das mal deinem industriell gefertigten Küchenschwamm. Du weißt bestimmt, dass der zu den dreckigsten Dingen in deinem Haushalt gehört!« Ich nicke verlegen und versuche mich daran zu erinnern, wann ich den Spülschwamm zum letzten Mal ausgetauscht habe.

»Einen feinen Dalmatinerschwamm brauchst du, wenn du ihn benutzt hast, nur ein paarmal in sauberem Wasser auszudrücken und danach trocknen zu lassen. Ganz einfach!«, beendet Joško seine Erläuterungen.

Nun weiß ich also, was das Besondere an seinen Schwämmen ist. Aber was hat es mit dem Griechen auf sich, von dem er mir berichten wollte?

Joško lächelt und nimmt einen kräftigen Schluck aus seinem Weinglas. »Also«, hebt er an, »das war so. Vor 300 Jahren sah es hier noch ganz anders aus. Dalmatien unterstand der Republik Venedig. Es gab eine strenge Klassengesellschaft, die Oberhäupter der einzelnen Städte gehörten durchweg dem venezianischen Adel an, und auch die obere Gesellschaftsschicht bestand aus Venezianern. Eheschließungen zwischen Kroaten und Venezianern waren strikt verboten. Venedig forderte hohe Steuern und nutzte unbarmherzig unsere Ressourcen. Rücksichtslos betrieb es Raubbau an unseren Wäldern und ließ riesige Flächen roden.« Eine steile Zornesfalte bildet sich zwischen Joškos Brauen, während er davon erzählt. »Deshalb gibt es noch heute so viele kahle Stellen im Karst. Wenn der Boden dort ungeschützt Wind und Regen ausgesetzt ist, verschwindet er im Handumdrehen, und zurück bleibt nichts als blanker Fels, auf dem nichts mehr wachsen kann. Der Reichtum unserer Wälder schwand, und gleichzeitig wuchs Venedig weiter in die Höhe. Wusstest du, dass ein Großteil der Lagunenstadt auf dalmatinischen Baumstämmen steht?«

Doch zu Beginn des 18. Jahrhunderts begann der Stern Venedigs zu sinken. Es verlor zunächst den Peleponnes, konnte Dalmatien aber noch eine Zeit lang halten. Besagter Grieche, sein Name war Antun, kam damals nach Krapanj und entdeckte dort die wunderbaren Schwämme. Die Griechen verstanden sich schon lange auf das Geschäft mit den Schwämmen, in Kroatien hingegen war die Schwammfischerei gänzlich unbekannt. Weil die Griechen sich nun aber von dem ungeliebten Venedig abwandten und andere Käufer bevorzugten, erkannte Antun eine gute Geschäftsmöglichkeit für die Bewohner von Krapanj, die zu jener Zeit ein recht ärmliches Dasein fristeten. Sollten sie doch in die Nische vordringen, die die Griechen hinterlassen hatten, und in das lukrative Schwammgeschäft mit den Venezianern einsteigen! Denn besonders die feinen Adelsdamen der Serenissima würden schwerlich auf ihre hochgeschätzten Badeschwämme verzichten wollen!

Deshalb zeigte Antun den Menschen auf Krapanj, wie man mit einem Dreizack vom Boot aus Schwämme ernten kann, und außerdem, wie man diese danach weiterverarbeiten muss, damit sie ihrer Verwendung auch zugeführt werden können. Denn ein frisch geernteter Schwamm hat so wenig Ähnlichkeit mit einem Badeschwamm wie eine Korkeiche mit dem Korken in der Weinflasche. Man muss das Schwammskelett erst vollständig von seinem Zellgewebe befreien, und das geschieht durch wiederholtes Auswaschen und Durchkneten, unterbrochen von Phasen, in denen der Schwamm einfach an der Luft liegen bleibt.

Schnell griffen die Insulaner die Geschäftsidee des pfiffigen Antun auf. Denn der Schwammhandel erwies sich tatsächlich als ausgesprochen einträglich. Es dauerte nicht lange, da exportierte Krapanj alljährlich mehrere Tonnen Schwämme nach Venedig. Bald lebten zwölfhundert Menschen auf der Insel, und die meisten davon ernährten sich von der Schwammfischerei.

Verwundert will ich wissen, was daraus geworden ist. Denn trotz der unübertroffenen Vorteile der Naturschwämme gibt es doch ganz offensichtlich heute weit weniger Schwammfischer auf Krapanj. Hat die Industrie also letztlich gesiegt?

»Nein«, meint Joško, »das allein ist es nicht.« Natürlich sind industriell hergestellte Schwämme viel billiger, sie kommen aber an die Qualität der Naturschwämme bei weitem nicht heran. Was den Schwammfischern von Krapanj zu schaffen macht, sind andere Faktoren. Da ist zum einen die billigere Konkurrenz aus der Karibik und der Levante, aus Kleinasien und vom Roten Meer. Die Arbeit ist hart, doch um konkurrenzfähig zu bleiben, dürfen die Preise nicht allzu hoch angesetzt werden. Deshalb sind die Verdienstmöglichkeiten gering. Mehr als 70 Euro für ein Kilo fertig verarbeiteter Schwämme sind nicht drin.

Besonders die jüngeren Leute reizt die Aussicht auf viel Schufterei und wenig Geld nicht mehr sonderlich, deshalb verlassen sie die Insel, um sich anderenorts Arbeit zu suchen. Zumal Krapanj der Jugend nicht gerade viel zu bieten hat. Es gibt keine Autos, kein Kino, kein Nachtleben. Und auf dem Uferweg ist man mit einem gerade mal drei Kilometer langen Spaziergang auch schon um die ganze Insel herum.

Doch das ist nicht der einzige Grund für den Rückgang der Schwammfischerei. Die jahrhundertelangen Beutezüge haben dazu geführt, dass die Fischer heute immer weiter hinausfahren und in immer größeren Tiefen ernten müssen. Schon seit den Siebzigerjahren des letzten Jahrhunderts geschieht das nicht mehr mit dem Dreizack vom Boot aus, heute taucht man dazu voll ausgerüstet in Tiefen von zehn bis zwanzig Metern. Seine besten Ernteplätze würde ein Fischer dabei niemals verraten. Deshalb nimmt auch keiner Touristen zum Schwammtauchen mit, selbst wenn ihm das eine neue Einnahmequelle verheißen würde.

Denn noch immer zählt Krapanj zu den besten Schwammplätzen der Welt. Wie lange das noch so bleibt, kann aber keiner sagen. Die allgemeine Verschmutzung des Mittelmeers macht selbst vor den sauberen Gewässern Dalmatiens nicht vollständig Halt. Schwämme reagieren jedoch schon auf geringste Verunreinigungen äußerst empfindlich. Und von der anderen Seite nimmt der Klimawandel die zarten Gebilde in die Zange. Das Adriawasser wird immer wärmer, Schwämme benötigen für ihre Fortpflanzung aber Temperaturen zwischen 18 und 24 Grad. Nach besonders heißen Sommern finden die Taucher daher so gut wie keine neuen Schwämme.

»Dieses Hotel ist auch ein Symbol für das Sterben der Schwammfischerei«, meint Joško nachdenklich. Als Kroatien zur österreichisch-ungarischen Doppelmonarchie gehörte, sah nämlich alles noch ganz anders aus. Die lokale Verwaltung in Triest plante, die Schwammfischerei im großen Stil zu fördern, und schaffte dafür 1893 eigens einen ersten Tauchapparat an. Der technisch derart aufgerüstete Beutefang erreichte 1912 seinen Höhepunkt, als 400.000 Schwämme in nur einem einzigen Jahr nach Italien, Frankreich und Deutschland verkauft wurden. Auf Krapanj war extra eine Fabrik aufgebaut worden, in der die Schwämme in industriellem Ausmaß aufgearbeitet wurden.

Doch die massenweise Schwammernte zog bald negative Auswirkungen nach sich, denn die Bestände sanken drastisch. Weil man schon im Vorfrühling mit der Ernte begonnen hatte, gab es für die Schwämme keine Chance mehr, ihre Eier auszustoßen und für den nötigen Nachwuchs zu sorgen. Versuche, die Wesen zu vermehren, indem man sie zerschnitt und ihre Teilstücke unter Wasser aufpflockte, scheiterten. Zwar würden sich aus den Segmenten durchaus neue Schwämme bilden, doch wurden sämtliche Holzpflöcke von Parasiten befallen und zerstört.

»Heute gibt es nur noch fünf Teams von Schwammtauchern auf Krapanj.« Joško leert sein Glas. »Und am Platz der alten Schwammfabrik steht jetzt dieses Hotel.« Immerhin gibt es im Keller eine Ausstellung, die historische Arbeitsausrüstungen der Schwammfischer zeigt. »Doch kaum jemand interessiert sich dafür,« seufzt Joško. »In unserer schnelllebigen Zeit ist das beschauliche Krapanj wohl einfach zu langweilig, weil es nicht viel mehr als seine Schwämme zu bieten hat. Und wer weiß, wie lange die hier überhaupt noch jemand ernten wird.«

Zum Abschied hat Joško mir einen Schwamm geschenkt, der wunderbar weich, feinporig und elastisch ist. Aber damit werde ich ganz bestimmt nicht meinen alten Spülschwamm ersetzen!

Lignje na žaru s blitvom – gegrillte Tintenfische

Zutaten für 4 Personen:

800 g küchenfertige kleine Tintenfische
800 g Mangold
3 Knoblauchzehen
Olivenöl
Salz
Pfeffer

Zubereitung:

Den Mangold putzen und waschen, dabei jeweils den Stielansatz abschneiden. Die Blätter in recht große Stücke teilen. Die Knoblauchzehen enthäuten und fein hacken.

In einem Topf einen Schuss Olivenöl erhitzen und den Knoblauch darin anrösten, bis er leicht zu bräunen beginnt. Nun den vom Waschen noch feuchten Mangold hinzugeben, mit Salz und Pfeffer würzen, den Topf mit dem Deckel verschließen und das Gemüse 10 Minuten bei mittlerer Hitze dünsten.

Den Grill gut vorheizen. Die Tintenfische mit Olivenöl einpinseln und von jeder Seite ca. 3 Minuten lang grillen. Auf vorgewärmte Teller legen, salzen, pfeffern, mit etwas Olivenöl beträufeln und den Mangold daneben anrichten.

Dazu Pogača reichen:

Pogača – Pogatschen

Zutaten:

500 g Mehl
200 g Joghurt
1 Ei
1 Würfel Hefe
20 ml Olivenöl
3 El zimmerwarme Milch
1 El Salz
reichlich Speiseöl zum Frittieren
Mehl für die Hände

Zubereitung:

Die Milch in eine Tasse geben, die Hefe hinzubröckeln und so lange mit einer Kuchengabel verkneten, bis ein homogener Brei entstanden ist. Joghurt, Ei, Salz und Öl in eine Schüssel geben und vermischen, dabei die Hefemilch hinzufließen lassen. Das Mehl dazugeben und verkneten, bis der Teig weich und geschmeidig ist (eventuell noch etwas Milch nachgeben). Mit einem Geschirrtuch abdecken und 30 Minuten an einem warmen Ort gehen lassen.

Das Öl in einem großen Topf oder in einer Fritteuse erhitzen. Mit einem Esslöffel kleine Portionen vom Teig abstechen, in den eingemehlten Händen flach drücken und danach ins heiße Öl gleiten lassen. Frittieren, bis die Teigfladen goldgelb sind, dann herausnehmen, gut abtropfen und auf Küchenkrepp entfetten.

Das Wort »Pogatschen« leitet sich wie das italienische »Focaccia« vom lateinischen »focacia« ab und bezeichnet ein einfaches Backwerk, das schnell zubereitet werden kann und vielseitig einsetzbar ist.

Promenade der Jahrhunderte – eine Sommernacht in Split

In Split pulsiert das pralle Leben. Mit dem Sonnenuntergang ist die Gluthitze dieses Sommertags einer lauen Abendluft gewichen, und endlich wagen sich auch all diejenigen hinaus, die bisher lieber in Reichweite der Klimaanlage geblieben sind. Es ist wie ein Feuerwerk der unbeschwerten Lebensfreude.

Plaudernd und lachend schieben sich Gruppen von Menschen aus aller Herren Länder über die Promenade am Hafenkai, auf der einen Seite flankiert von hohen Palmen und bunten Flohmarktständen voller skurriler Dinge, auf der anderen von lebhaft frequentierten Bars und Restaurants. Wie der Lampion eines rauschenden Gartenfests steht kugelrund und strahlend hell der Vollmond am sternenglitzernden Himmel, und das nachtschwarze Meer wogt samtig leise gegen die Kaimauer. Die prächtigen Gebäude der Altstadt haben im Laternenschein ein goldglänzendes Festgewand angelegt, würdevoll überragen sie die Szenerie und blicken gelassen auf das wuselige Treiben der Menschen hinab.

Nachdenklich habe ich auf einem Mäuerchen Platz genommen und schaue eine Weile zu. Ob es hier wohl vor siebzehnhundert Jahren schon genauso farbenfroh zugegangen ist?

Es war der römische Kaiser Diokletian, der damals seine Galeere in der malerischen Bucht vor den imposanten Höhenzügen des Mosor ankern ließ. Das Mosor ist ein besonders stark verkarsteter Teil des Dinarischen Gebirges, entsprechend markant ragt sein Gipfelkamm in Farbnuancen zwischen bleichem Weiß und lichtem Grau zwischen dem kräftigen Blau von Meer und Himmel empor. Vielleicht stand der Kaiser just an der gleichen Stelle, an der ich mich niedergelassen habe, und vielleicht betrachtete er seine Umgebung nicht minder nachdenklich, als ich es nun tue.

Der Kaiser befand sich in seinem fünften Lebensjahrzehnt. Noch stand er in der Blüte seiner Macht und seiner Schaffenskraft. Doch wie alle Menschen dieses Alters wurde ihm bewusst, dass er den Zenit seines Lebens überschritten hatte und dass seine Zeit auf Erden endlich war. Wie, so fragte sich Diokletian, möchte ich den Rest meines Lebens verbringen? Will ich weitermachen wie bisher, mich mit Regierungsgeschäften plagen, Legionen und Verwaltung des Riesenreichs in Schuss halten und vor allem meine Nerven weiterhin von den ständigen Rebellionen an den Grenzen aufreiben lassen?

Mit dem Kaiseramt hatte Diokletian im Jahr 284 n. Chr. keine leichte Aufgabe übernommen. Das Römische Reich wurde in jener Zeit von ständigen Krisen geschüttelt, einerseits durch Bedrohung von außen, andererseits an den Brennpunkten dieser Konflikte durch die eigenen Soldaten, die sich erdreisteten, nach jedem noch so kleinen Erfolg gegen feindliche Horden ihren siegreichen Feldherrn zum Kaiser auszurufen. Es hatte Diokletian viel Kraft abgefordert, Stabilität in das allgemeine Durcheinander zu bringen. Zunächst ernannte er zwei ihm untergeordnete Nebenkaiser, da einer alleine unmöglich an allen Unruheherden zugleich vor Ort eingreifen konnte. Dann machte er sich daran, durch umfassende Reformen sowohl das Militär als auch die Verwaltung auf Vordermann zu bringen. Der galoppierenden Inflation, die den Unmut unter der Bevölkerung allmählich zum Überkochen brachte, schob er mit Höchstpreisverordnungen einen Riegel vor. Außerdem setzte er alles daran, den Umtrieben der lästigen Christensekte endlich ein Ende zu bereiten. Die Anhänger dieser dubiosen Lehre meinten allen Ernstes, ihr mysteriöser Gott habe einen ausschließlichen Anspruch auf Macht über die Welt. Doch Staatsgewalt und Religion stellten nach römischer Ansicht eine untrennbare Einheit dar, und um den inneren Frieden im Reich zu gewährleisten, mussten die unbelehrbaren Christen mit ihrem inakzeptablen Glauben an einen allumfassenden Gott eben ausgemerzt werden.

Das alles stellte eine Herkulesaufgabe dar, doch nun, zehn Jahre später, konnte Diokletian zufrieden auf seine Erfolge zurückblicken. Wäre es nicht an der Zeit, für einen Lebensabend voller Annehmlichkeiten zu sorgen, sodass er entspannt auf sein Werk zurückblicken und dabei seine wohlverdiente Ruhe genießen könnte? Als ihm daheim in Rom solche Gedanken erstmals gekommen waren, da erinnerte er sich voller Wehmut seiner Heimat Dalmatia. Hier kam er einst als Sohn einfacher Leute in der griechischen Kolonie Aspalathos zur Welt, nahe der römische Siedlung Salona, dem heutigen Solin. Mit seiner Karriere bei der römischen Armee hatte er es durch eiserne Disziplin, Mut und Intelligenz erstaunlich weit gebracht. Doch niemals vergaß er die Stätte seiner unbeschwerten Kindheit, die Farben der Adria, das Strahlen des Karstgebirges, die Lieblichkeit der dalmatinischen Blumengärten.

Wenn es einen Ort auf der Welt gäbe, den er für seinen Ruhestand auserwählen würde, so käme nur Dalmatia infrage. Eine wohlige Wonne durchströmte den Kaiser, als er diesen Entschluss fasste. Und nun stand er hier, in dieser majestätischen Bucht auf der Halbinsel, die sich nur einen Steinwurf südlich von seinem Geburtsort Aspalathos befand. Den Horizont rahmten die waldreichen Inseln Šolta und Brač, sie spendeten Schutz vor den stürmischen Fluten des offenen Meeres. Während sich Šolta als prächtiges Jagdrevier anbot, gab es auf Brač einen herrlichen weißen Kalkstein, das ideale Baumaterial für Diokletians geplanten Alterswohnsitz. Aus diesem einzigartigen Stein hatten die Römer schon etliche Tempel, Paläste und Amphitheater erbaut – heutzutage findet man ihn auch in der Wiener Neuen Hofburg, im Parlament von Budapest oder im Weißen Haus in Washington.

So traf Diokletian an jenem Tag eine folgenschwere Entscheidung. Genau hier, in der Bucht auf der von dichtem Kiefernwald bedeckten Halbinsel, würde er einen angemessenen Palast erbauen. Und dieser sollte sich sehen lassen können! Allen Komfort musste er bieten, ein Konglomerat aus Villen, Militärgebäuden, Tempelanlagen, starken Mauern und mächtigen Türmen. Dazwischen würden zwei Straßen verlaufen, eine der beiden längs und die andere quer, außerdem gäbe es natürlich auch Plätze, die man für die verschiedensten Anlässe nutzen konnte. Die repräsentative Südfassade sollte mit ihren langgestreckten Fensterreihen einen berauschenden Blick auf die Bucht gewähren und gleichzeitig allen Ankommenden gebührenden Respekt einflößen. Rein vorsorglich wurde in dem Gebäudekomplex auch gleich ein Mausoleum als letzte Ruhestätte für Diokletian mit eingeplant. Stolze 30.000 Quadratmeter würde das rechteckig angelegte Mammutvorhaben umfassen, wenn es fertiggestellt wäre. Und all die mit solch gewaltigen Ausmaßen demonstrierte Präsenz diente durchaus auch einem politischen Zweck: Denn praktischerweise befand sich der hübsche Bauplatz ziemlich genau in der Mitte des Römischen Reichs.

Wer heutzutage als Bauherr einem Großprojekt vorsteht, der mag neiderfüllt aufhorchen, wenn er von der Effizienz seiner antiken Kollegen hört. Denn innerhalb von nur zehn Jahren stand der kaiserliche Palast fix und fertig an Ort und Stelle. Das gab Diokletian den Anstoß zu einem höchst ungewöhnlichen Entschluss: Als einziger römischer Kaiser der Geschichte nahm er seinen Hut und dankte freiwillig ab. Statt sich weiter mit Staatsgeschäften herumzuärgern, hielt er Einzug in seinen nagelneuen Prachtbau. Die Bezeichnung als Palast ist in diesem Fall eigentlich eine Untertreibung, im Grunde handelte es sich ja fast um eine richtige Stadt, die der hohe Herr sich da geschaffen hatte. Und als Stadt haben es wohl auch die Menschen betrachtet, die nach ihm kamen.

Nur wenige Jahre war es Diokletian vergönnt, sein Dasein als Pensionär zu genießen. Er starb irgendwann zwischen 313 und 316, das genaue Datum ist nicht überliefert. Nach einigen Wirren übernahm Konstantin die kaiserlichen Amtsgeschäfte, er trieb die Aussöhnung mit den Christen voran und gestattete ihnen die Religionsausübung. So ging er als Konstantin der Große in die Geschichte ein, obwohl er ein skrupelloser Machtpolitiker war, der nicht davor zurückschreckte, seinen eigenen ambitionierten Sohn und dessen Frau aus taktischen Erwägungen heraus ermorden zu lassen. Aber das nur am Rande.

Im heutigen Serbien geboren, besuchte Konstantin während seiner Laufbahn zahlreiche weitere Provinzen des Römischen Reichs. Doch die Neigung, sich im dalmatinischen Anwesen seines Vorgängers niederzulassen, entwickelte er nicht. So stand nun also der gewaltige Palastblock des Diokletian seines ursprünglichen Zwecks entledigt an der dalmatinischen Küste herum. Eine Zeit lang wurde er noch als Verwaltungssitz und Kaserne genutzt, manchmal stiegen auch spätere Kaiser auf ihren Reisen dort ab und residierten für eine Weile in den früheren Gemächern des Diokletian. Vorübergehend zog auch eine Textilfabrik des römischen Militärapparats ein. Doch mit dem Niedergang des römischen Reichs schwand auch das Interesse an dem bombastischen Bauwerk. Überfälle auf die noch verbliebenen Bewohner setzten dem Gemäuer zu, schließlich begann es zu verfallen.

Doch dieser Zustand währte nicht lange. Immer mehr Menschen aus der Umgebung kamen herbei und bezogen die leerstehenden Gebäudeteile. Schließlich wies deren Bausubstanz trotz ihres Alters eine beachtliche Qualität auf. Die neuen Bewohner veränderten, was ihnen unpassend erschien, sie bauten neue Teile an, gestalteten andere um, und dennoch zerstörten sie die Grundstruktur des Palasts im Lauf der Jahrhunderte nicht.

So wurde er zur Keimzelle der Stadt Spalatum, die später Spalato hieß und heute den Namen Split trägt. Der Palast des Diokletian erwies sich dabei als dermaßen stabil, dass er den anstürmenden Barbarenhorden der Spätantike, einer tatarischen Invasion im Mittelalter und auch den späteren Eroberungsversuchen der Osmanen standhielt.

Spalato entwickelte sich zu einer der blühendsten Städte Dalmatiens. Nördlich des Palastbezirks expandierte es mit einer mittelalterlichen Altstadt, aus dem Mausoleum des Diokletian entstand die Kathedrale. Manche Teile des antiken Palasts mutierten zu vornehmen Wohnhäusern, geschmückt mit Loggien im venezianischen Stil, in anderen entstanden Läden, Banken und Wirtshäuser. Es gab ein Lazarett und ein Magazin für die Handelskarawanen, die vom südöstlichen Balkan her eintrafen. Maler, Bildhauer und Architekten wirkten in der Stadt, die sich nach dem schweren Rückschlag durch eine verheerende Pestepidemie Ende des 16. Jahrhunderts bald erholte und wieder zum florierenden Wirtschaftszentrum aufstieg.

Dass Split inzwischen zur zweitgrößten Stadt Kroatiens angewachsen ist, erkennt jeder, der aus Richtung Norden kommend zur Altstadt fährt. Denn auf der Nordseite der Halbinsel reihen sich Hochhäuser im Plattenbaustil dicht gedrängt aneinander. Sie sind von so grotesker Scheußlichkeit, dass man bei ihrem Anblick fast geneigt ist, wieder umzukehren. Als habe ein boshafter Hexenmeister sie zur Tarnung erdacht, verbergen sie die bezaubernde Schönheit der alten Stadt, die hinter ihnen liegt.

Sie ist die lebendige Zeugin einer Geschichte der Wandlungen, in der das Neue stets erwächst und dabei doch das Alte umsichtig bewahrt.

So denke ich an Diokletian, während ich ein paar Kindern zuschaue, die ausgelassen auf der Promenade herumtollen. Leicht bekleidete Urlauber drängen sich vor den Imbissbuden oder schlecken stillvergnügt ein Eis. Geschäftige Kellner balancieren Teller voller duftender Speisen durch die Reihen der Gäste, junge Leute relaxen auf Loungesesseln und schlürfen entspannt ihren Cocktail. Passanten verharren an den Flohmarktständen und feilschen um den Preis quietschbunter Souvenirs, andere posieren vor der heiteren Kulisse für ein Selfie. Während sie weiterflanieren, verlässt ein hell erleuchtetes Kreuzfahrtschiff ganz langsam und majestätisch den Hafen von Split.

Und ich frage mich, was Diokletian wohl zu diesem Treiben sagen würde. Denn gewiss hätte sich der Kaiser selbst in seinen kühnsten Träumen eine so quirlig-bunte Sommernacht nicht ausmalen können.

Brodet od riba – eine Fischsuppe aus Split

Zutaten für 4 Personen:

1.200 g gemischter Seefisch, küchenfertig (Sorten abhängig von dem, was frisch erhältlich ist)
1 kg Tomaten
600 g Zwiebeln
3 Knoblauchzehen
50 ml Olivenöl
250 ml trockener Weißwein
1 Bund Blattpetersilie
2 Lorbeerblätter
Chilipulver
Salz
Pfeffer

Zubereitung:

Die Tomaten waschen und würfeln, Zwiebeln und Knoblauch schälen und würfeln bzw. hacken. Die Petersilienblättchen abzupfen und grob hacken. Den Fisch in Stücke schneiden.

In einem hohen Topf das Olivenöl erhitzen und die Zwiebeln darin glasig andünsten. Knoblauch, Petersilie und Lorbeerblätter hinzufügen und die Fischstücke darauflegen. Mit den Tomaten bedecken, mit einer Prise Chilipulver würzen, salzen, pfeffern und so viel Wasser angießen, dass die Tomaten davon bedeckt sind. Nun den Weißwein hinzugießen, das Ganze aufkochen, dann die Hitze reduzieren, bis die Flüssigkeit nur noch leise köchelt. Im offenen Topf 20 Minuten lang köcheln lassen, danach die Hitze so weit wie möglich reduzieren und die Suppe noch einmal 10 Minuten lang ziehen lassen.

Mit Lepinje-Brot servieren (Rezept s. Seite 25).

Es brennt! – Von Feuerteufeln und schwarzem Rauch

Alles Land ist schwarz und tot. In den makellos blauen Himmel ragen verkohlte Baumstämme wie die Markierungspfähle der Apokalypse. Anstelle von sattgrüner Macchia bedeckt fahlgraue Asche den Boden des gestorbenen Waldes, und am Straßenrand stehen die Skelette ausgebrannter Autos, zusammengebrochen über ihren geschmolzenen Reifen. Einzelne Häuser blicken mit stummem Vorwurf aus leeren Fensterhöhlen auf das verbrannte Land. Ein trostloses Leichentuch hat sich über die Hügelketten gelegt, und selbst das Meer in der Ferne scheint in Trauer zu verblassen.

Wir sind unterwegs vom Piratennest Omiš über die Höhenzüge des Mosor in Richtung Split. Hier, rings um die Dörfer Tugare, Srinjine und Žrnovnica, herrscht Endzeitstimmung. Eine Walze der Vernichtung ist über die Hügelketten gerast. Betroffen fahren wir über die einsame Piste, die sich gleich einer schwarzen Ader durch das versengte Land dahinzieht.

Doch immer wieder ragen unversehrte Häuser mit grünen Gärten als Inseln des Lebens aus dem Weltuntergangsszenario. Wir fragen uns, wie sie es wohl geschafft haben, dem Inferno zu trotzen? Ich möchte wissen, wie die Menschen der Katastrophe begegnet sind und wie es ihnen gelungen ist, das Feuer zu überstehen. Als wir im Dorf Kučine schließlich an der Terrasse eines kleinen Restaurants vorbeifahren, beschließen wir, anzuhalten und dort einzukehren. Das Gasthaus wirkt wie eine Oase des Friedens, scheinbar unberührt von dem Schrecken, der ringsum gewütet hat.

Unsere Wirtin heißt Ljubica. Sie ist eine resolute Frau um die Fünfzig, zupackend und energiegeladen, und es scheint, als ob nichts ihr so schnell etwas anhaben könnte. Doch als ich sie auf die Feuerkatastrophe anspreche, wird sie blass und alle Kraft scheint aus ihr zu weichen. Nach einem Augenblick betretenen Schweigens atmet sie tief durch, zieht einen Stuhl vom Nebentisch heran und setzt sich zu uns. Denn es ist ihr offenbar ein Bedürfnis, von dem Grauen zu berichten, das sie durchgemacht hat.

Erst drei Wochen ist es her, dass ihre Welt aus den Fugen geriet. Es kommt ihr wie ein unfassbares Glück vor, dass sie noch am Leben ist, dass sogar ihr Haus und ihre kleine Gaststätte inmitten des lodernden Hexenkessels unversehrt geblieben sind.

»Schon immer hat es im Sommer Waldbrände gegeben«, sagt sie. »Doch so verheerend wie in diesem Jahr ist es noch nie gewesen.«

Ljubica erzählt, dass an den Westflanken des Mosor-Gebirges östlich von Split innerhalb weniger Stunden an 20 verschiedenen Stellen Feuer ausgebrochen sei. Schon seit Wochen hatte es nicht geregnet, die Böden waren ausgedorrt vor Trockenheit. Die dürren Sträucher brannten deshalb wie Zunder, die harzreichen Pinien und Kiefern gingen blitzartig lichterloh in Flammen auf, als seien sie Fackeln, die nur auf den zündenden Funken gewartet hatten.

»Zunächst haben wir uns trotzdem keine allzu großen Sorgen gemacht.« Ljubica legt die Stirn in Falten und schaut drein, als könne sie es immer noch nicht fassen. »Waldbrände gehören hier bei uns schließlich zum Alltag des Sommers. Alle

Mittelmeerländer kennen das. Und wir sind darauf vorbereitet. In der Region Split gibt es 750 Feuerwehrleute, sie haben Löschzüge und Flugzeuge zur Brandbekämpfung. Normalerweise lassen sich die Feuer deshalb relativ schnell eindämmen.«

Doch dieses Mal sollte es anders kommen. Nicht nur erschwerte es den Löschtrupps die Arbeit, dass die Flammen an so vielen verschiedenen Stellen gleichzeitig aufloderten. Zum Unglück kam auch noch stürmischer Wind mit orkanartigen Böen hinzu, wodurch die Funken rasend schnell weitergetragen wurden. Der Sturm entfachte neue Feuer und toste kraftvoll in den Brandherden, sodass er beständig neue Feuerspitzen vorantrieb. Gelang es trotzdem, eines der Feuer zu löschen, so blies eine Bö energisch in die verbliebene Glut, und schon loderten die Flammen wieder auf.

»Am nächsten Tag war es sogar so schlimm, dass die sechs Löschflugzeuge, die im Raum Split im Einsatz waren, wegen des Sturms nicht starten konnten. Die Feuerwehrleute und die freiwilligen Helfer taten am Boden, was sie konnten. Solche Flächenfeuer fressen sich in elliptischer Form voran, es brennt dabei immer nur am Saum ihrer Front. Man versucht normalerweise, den Brand an der Spitze der Ellipse zu löschen, doch durch die heftigen Böen schossen die Flammen mitunter meterweit daraus hervor. Das machte es viel zu gefährlich, direkt an der Feuerlinie zu arbeiten. Es blieb nur, Schneisen zu schlagen, aber mittlerweile brannte es auf so breiter Front, dass auch diese Maßnahme aussichtslos erschien, weil es einfach nicht schnell genug ging. Und Regen war absolut nicht in Sicht.«

Ljubicas Augen weiten sich bei der Erinnerung. »Die Feuerwalze rollte immer näher auf uns zu. Der ganze Horizont brannte. Rings um uns loderte ein Feuerteppich im Wald, aus dem brennende Bäume wie Stichflammen emporragten.

Immer dichter wurde der Rauch, Asche und Funken irrten durch die Luft. Man konnte schließlich kaum noch etwas sehen, und der beißende Qualm schmerzte in den Atemwegen. Aber wir wollten nicht aufgeben. Diese Häuser hier«, sie weist mit einer weit ausholenden Geste um sich, »das ist doch alles, was wir haben!«

Irgendjemand, so fährt Ljubica fort, habe einen Satz Mundschutz-Vliese gehabt. Die seien verteilt worden, und dann habe jeder versucht, sein Haus so gut es ging zu schützen. Die Leute stellten wassergefüllte Eimer bereit, sie benetzten Pflanzen und Hauswände mit dem Gartenschlauch. »Wir sahen, wie sich die Höllenwand erbarmungslos Meter für Meter heranschob. Und wir traten ihr entgegen, mit nichts als einem Gartenschlauch und einem Eimer in den Händen!«

Überall, wo die Flammen nach einem Haus zu greifen drohten, sammelten sich Helfer und versuchten, es mit vereinten Kräften zu retten. Aus Split eilten sogar die Mitglieder eines Fußballfanclubs an die Hänge des Mosor, um den Menschen in den Nachbardörfern beizustehen.

»Teilweise fiel der Strom aus, und der dicke schwarze Rauch machte uns die Arbeit immer schwerer. Selbst am Mittag herrschte Dämmerung, und in der Nacht leuchtete es überall gespenstisch durch die dichten Schwaden des Qualms. Es schien, als stehe die ganze Welt in meterhohen Flammen. Selbst unten an der Küste verfielen die Menschen allmählich in Panik. Sie schafften ihre Kinder aus Split heraus, ein Einkaufszentrum am östlichen Stadtrand wurde evakuiert. Denn die Feuersbrunst näherte sich unaufhaltsam.« Fernverkehrsstraßen und Bahnstrecken wurden gesperrt. Die Bewohner der ganzen Region erhielten die Anweisung, wenig Wasser zu verbrauchen, damit in den Leitungen möglichst viel Druck für die Feuerwehrschläuche vorhanden war. Die Straßen blieben leer, um freie Fahrt für die Einsatzkräfte zu gewährleisten.

Später zeigten sie in den Fernsehnachrichten ein Bild, dass Ljubica nie vergessen wird. Ihre Stimme zittert, als sie es beschreibt. Man habe die steinernen Grabplatten eines Friedhofs gesehen, im Hintergrund gerahmt von einer Reihe schlanker Zypressen. Und hinter diesen Zypressen stand eine infernalische Feuerwand. So, sagt Ljubica, habe sie sich immer den Tag des Jüngsten Gerichts vorgestellt, wenn flammende Teufel aus dem Fegefeuer der Hölle emporbrechen und über Gräber steigen, um die Lebenden zu holen. Bei ihrer dramatischen Schilderung dieser Szene läuft mir ein Schauer über den Rücken.

Zu allem Unglück geriet auch noch die Mülldeponie von Split in Brand. Hatte schon der flammende Wald die Stadt in dichten Qualm gehüllt, so mischte sich jetzt auch noch der schwarze Rauch brennender Abfälle mit seiner perfiden Mixtur gefährlicher Chemikalien hinzu. »Mehr als anderthalb Meter weit konnte man nicht sehen. Die immensen Rauchsäulen zeigen sich sogar auf den Satellitenfotos aus dem All.«

Von vielen Nachbarländern war keine Hilfe zu erwarten. Die hatten nämlich mit ihren eigenen Feuerdramen alle Hände voll zu tun. Es brannte in Italien, in Südfrankreich und in Portugal. Besonders schlimm erwischte es aber das kleine Montenegro, wo die beliebte Urlaubsregion an der Bucht von Kotor in Flammen stand.

»Nie ist das Feuer so grausam gewesen wie in diesem Jahr«, stellt Ljubica fest und weist auf den Mann in Arbeitskleidung, der gerade die Terrasse des Restaurants betritt und sich unserem Tisch nähert. »Das ist Zeljko, seinem Bruder ist es schlimm ergangen!«

Die Miene des Mannes, der eben noch freundlich lächelte, verfinstert sich schlagartig. »Pavo hat alles verloren«, nickt er betrübt. »Alles haben die Flammen gefressen und über Nacht zerstört! Sein Haus, sein Auto, seinen Olivenhain, seine Ziegen!« Die Tiere seien vor Angst verrückt geworden und direkt ins Feuer gelaufen, erzählt er weiter. Eine gute Versicherung habe sein Bruder nicht, er sei doch nur ein armer Bauer, der von seiner Hände Arbeit lebt. Aber die Menschen in den Dörfern halten zusammen. Der eine oder andere wird ihm ein paar Ziegen schenken, ein Freund hat ihm sein altes Auto überlassen, und viele werden mit anpacken, wenn Pavo sich ein neues Haus baut. Und damit wird er schon bald loslegen.

Denn obwohl es in den Brandherden noch tagelang schwelte und die Luft über dem Mosor auch jetzt noch immer brenzlig riecht, sind die Feuer schließlich doch abgeklungen. Die Löschtrupps mit ihren unermüdlichen Einsätzen haben am Ende gesiegt. Insgesamt 400 Feuerwehrleute bekämpften die Flammen, dazu mehr als 100, zweitweise sogar bis zu 200 Soldaten einer Eliteeinheit der kroatischen Armee. Und außerdem hunderte freiwillige Helfer.

»Aber viel zu wenig Experten!«, schimpft Zeljko. »Die Regierung investiert Unsummen in die Rüstung und in die Polizei, aber für die Feuerwehr, für Löschwagen und Flugzeuge hat sie kein Geld. Dabei brennt es doch jedes Jahr!«

Allerdings zum Glück nicht immer so schlimm wie dieses Mal. 2007, weiß Ljubica, habe es die Region von Dubrovnik sehr heftig erwischt. Man stand schon kurz davor, die 42.000 Einwohner der Stadt zu evakuieren. Und jetzt, etliche Jahre später, wäre es beinahe in Split so weit gekommen. Dass es an fehlenden Feuerwehrleuten liegt, bezweifelt Ljubica aber. Schließlich gebe es 50.000 davon in Kroatien, und deren Löschfahrzeuge seien außerdem auf modernem technischen Stand, meint sie.

Doch warum brennt es in den Sommermonaten überhaupt immer wieder? Extreme Hitze und anhaltende Trockenheit wie in diesem Jahr schaffen die fatalen Voraussetzungen für katastrophale Feuer, und vielleicht ist der Klimawandel daran schuld, dass es damit immer schlimmer wird. Allerdings besagt schon eine alte kroatische Bauernregel, dass mit Regen frühestens ab Mariä Himmelfahrt, also dem 15. August, zu rechnen ist. Trocken waren die Sommer schon immer. Dabei gehört Kroatien zu den 30 wasserreichsten Ländern der Erde. Aber wem hilft die Statistik, wenn es brennt?

»Das sind die Verbrecher schuld«, glaubt Zeljko zu wissen. »Für manche Brände sind sicher Idioten verantwortlich, die glühende Zigarettenstummel aus dem Auto werfen oder Flaschen und Scherben im Wald liegenlassen, die dann unter der Sonne wie Brenngläser wirken. Bestimmt gibt es auch verrückte Pyromanen, die Feuer toll finden und deshalb Wälder anzünden. Aber warum flammen die Brände an 20 Stellen gleichzeitig auf?« Zornig zieht er seine dichten Brauen zusammen. »Das sind Verbrecher«, wiederholt er, »Bodenspekulanten, die legen Feuer in Naturschutzgebieten, damit dann hinterher Bauland daraus werden soll! Und serbische Nationalisten werden zu Brandstiftern, um unseren Tourismus kaputtzumachen!«

Ljubica ist aufgestanden und legt ihm beschwichtigend die Hand auf die Schulter. »Nein, Zeljko«, sagt sie. »Die Polizei ist inzwischen ziemlich sicher, dass die Feuer durch Funken von Hochspannungsleitungen ausgelöst wurden. Allerdings weiß noch keiner, wie man das in Zukunft verhindern kann.«

Die enorme Fläche von 4.500 Hektar ist durch die schrecklichen Feuer in der Region Split verwüstet worden. 80 Menschen wurden verletzt, die meisten davon Feuerwehrleute. Doch wie durch ein Wunder ist niemand zu Tode gekommen.

Ljubica muss jetzt in die Küche, denn Zeljko will etwas essen. Er hat nicht viel Zeit. Gleich fährt er wieder zu seinem

Bruder Pavo. Dann hilft er ihm, einen neuen Olivenhain anzulegen.

Für dieses Jahr ist der Schrecken vorbei. Mariä Himmelfahrt steht vor der Tür, bald kommt der Regen. Was aber im nächsten Jahr geschehen wird, kann niemand sagen.

Sarma – kroatische Krautwickel

Zutaten für 4 Personen:

1 Weißkohlkopf
400 ml Essig
600 g Hackfleisch vom Schwein
120 g Reis
100 g gewürfelter Bauchspeck
4 Knoblauchzehen
2 Zwiebeln
3 El Tomatenmark
1 El Paprikapulver edelsüß
1 El Zucker
Salz
Pfeffer
Speiseöl

Zubereitung:

Am besten bereitet man dieses Gericht am Vortag zu, weil es aufgewärmt noch besser schmeckt. Den Kohl waschen, dann rings um den Strunk schräg zur Mitte hin tief einschneiden und den Strunk entfernen. Essig und Zucker mit 1 l Wasser in einen Topf geben, den ganzen Kohlkopf hineinlegen, aufkochen und köcheln lassen, bis sich die äußeren Blätter zu lösen beginnen. Diese vorsichtig entnehmen und in ein Sieb zum Abtropfen legen. So weiter verfahren, bis sich 8 große Blätter gelöst haben. Alternativ kann man einen sauer eingelegten ganzen Kohlkopf fertig kaufen, der ist aber bei uns schwer erhältlich (in kroatischen, manchmal auch in türkischen Lebensmittelläden). In diesem Fall auch hierbei den Strunk herausschneiden und die großen Blätter vorsichtig lösen. Diese dann 10 Minuten abkochen, damit sie sich leichter wickeln lassen.

Die Zwiebeln und Knoblauchzehen schälen und fein hacken. Etwas Öl in einer Pfanne erhitzen und beides zusammen mit dem Speck anbraten, bis die Zwiebeln glasig sind. Tomatenmark und Paprikapulver hinzugeben und kurz mitrösten.

Dann alles in eine Schüssel geben, den ungekochten Reis und das Fleisch hinzugeben, mit Salz und Pfeffer würzen und die Masse gut durchkneten.

Dicke Fasern an den Unterseiten der Kohlblätter vorsichtig entfernen, dabei darauf achten, dass die Blätter ganz bleiben. Nur die 8 größten Blätter verwenden. Was vom Kohl übrigbleibt, in kleine Stücke schneiden, die Hälfte davon unten in den Kochtopf legen. Die Fleischmischung auf den 8 Kohlblättern verteilen, diese wickeln und die Enden an den Seiten nach innen drücken (wenn es partout nicht halten will, muss man sich mit Küchengarn behelfen). Die Wickel eng nebeneinander im Topf auf die Kohlstücke legen und mit den restlichen Kohlstücken bedecken. Soviel Wasser hinzugeben, dass die Wickel gerade eben bedeckt sind. Salzen, langsam aufkochen, dann bei milder Hitze 2 Stunden lang köcheln lassen. Mit Lepinje-Brot servieren (Rezept s. Seite 25).

Imotska torta – ein Mandelkuchen aus Kroatien

Zutaten:

300 g Mehl
7 Eier
100 g Butter (zimmerwarm)
200 g Zucker
100 g Puderzucker
2 Pck. Vanillezucker
300 g gemahlene Mandeln
80 g Mandelblättchen
1 unbehandelte Zitrone
1 unbehandelte Orange
4 cl Sliwowitz
Salz
Butter zum Einfetten

Zubereitung:

Zitrone und Orange gründlich waschen, dann die äußersten Schalenanteile abreiben und den Saft auspressen. Das Mehl mit 2 Eiern, der Butter, dem Zucker und 1 El des Schalenabriebs in eine Schüssel geben und alles gut miteinander verkneten, bis ein geschmeidiger Teig entstanden ist. Zu einer Kugel formen, fest in Frischhaltefolie wickeln und 2 Stunden in den Kühlschrank legen.

Die restlichen Eier trennen und die Eigelbe in eine Schüssel geben, die Eiweiße mit einer guten Prise Salz sehr steif schlagen und beiseitestellen. 150 g Puderzucker, den restlichen Schalenabrieb, den Saft, den Vanillezucker, die gemahlenen Mandeln und den Sliwowitz zu den Eigelben geben und alles gut miteinander vermengen. Zum Schluss vorsichtig den Eischnee unterheben.

Eine Springform gut mit Butter einfetten. Den Teig aus dem Kühlschrank nehmen und in zwei Teile aufteilen. Einen Teil dünn ausrollen und den Boden der Springform damit belegen. Den anderen Teil noch einmal halbieren, eine Hälfte zu einem langen Streifen ausrollen und den Rand der Springform damit auskleiden. An den Verbindungsstellen ringsum gut mit dem Boden zusammendrücken. Nun die Mandel-Füllung hineingeben und gleichmäßig auf dem Teig verteilen. Den restlichen Teig dünn ausrollen und in schmale Streifen schneiden, daraus ein Gitter über die Füllung legen.

Den Backofen auf 180°C vorheizen und den Kuchen 20 Minuten backen, dann die Hitze auf 140°C reduzieren und 35 bis 40 Minuten lang fertig backen. Abkühlen lassen, danach mit dem restlichen Puderzucker und den Mandelblättchen bestreuen.

Der charmante Tyrann – Josip Broz, den man Tito nannte

Ein Sommertag in Split. Die Hitze hat uns an Deck eines Bootes getrieben, mit dem wir zu einer erfrischenden Rundfahrt entlang der Küste starten. Wir fahren in Richtung Westen und folgen dem Ufer der Halbinsel Marjan. Hier liegt die grüne Lunge von Split, ein 340 Hektar großes Waldgebiet. Es ist ein Forstpark, der ab Mitte des 19. Jahrhunderts mit Aleppo-Kiefern, Eichen und Zypressen bepflanzt wurde. Wegen des sehr steinigen Untergrunds hatte man sich damals dagegen entschieden, die Fläche zu bebauen. Das schenkt den Bewohnern von Split den Luxus eines grünen Erholungsgebiets direkt vor der Haustür. Es gibt Spazierwege, schöne Buchten mit Stränden sowie zwölf verstreut liegende Kapellchen, einst von Eremiten errichtet, die sich in die Einsamkeit des Marjan zurückgezogen hatten.

Auch andere wussten die Abgeschiedenheit und Ruhe in unmittelbarer Nähe der pulsierenden Stadt zu schätzen. Unser Ausflugsleiter weist auf eine Villa, die verträumt in einer kleinen Bucht liegt. Stolze Palmen ragen davor auf, und eine in sattem Pink blühende Bougainvillea rankt an den Arkadenbögen der sonnengelben Fassade empor. Zypressen strecken ihre schlanken Spitzen aus dem üppigen Grün des Gartens, und vor dem privaten Strand erstrahlt das Meer in leuchtendem Türkis.

»Das ist die Villa Dalmacija«, lässt unser Begleiter uns wissen, »auch Tito-Villa genannt. Hier residierte Tito während seiner Aufenthalte in Split.«

Erstaunt blicke ich genauer hin. Tito, beim Klang dieses Namens erwachen Bilder in meinen Gedanken, begleitet von sehr gemischten Gefühlen. Ich kann mich noch recht gut an den jugoslawischen Staatschef erinnern, der in meiner Jugendzeit zwar schon ein alter Mann, doch noch immer eine unangefochtene Institution gewesen ist. Bis zu seinem Tod im Jahr 1980 schien ein Jugoslawien ohne Tito schier undenkbar. Und Tito stand nicht nur für Politik und Diktatur, nein, besonders für die Boulevardpresse stellte er mit seiner schillernden Persönlichkeit ein gefundenes Fressen dar.

Während ich an der Reling stehe und die bezaubernde Villa an mir vorbeigleiten sehe, beginnen die Bilder meiner Gedanken sich über die Wirklichkeit zu legen. Ich sehe ein Prachtexemplar von einem Mann auf der Terrasse, wie er lässig eine Havanna in der Linken hält und mit charmanter Geste der Dame auf der Sonnenliege einen Champagnerkelch reicht. Sie ist gewiss eine schöne Frau, wenn auch die große Sonnenbrille und der Schatten des breitkrempigen Sonnenhuts ihre Züge nur erahnen lassen. Ist sie die Lollobrigida, oder wer weiß, vielleicht Liz Taylor, Sophia Loren? Ein Flirt, ein amouröses Spiel, argwöhnisch beäugt von der Gattin, die mit verdrossener Miene unter dem Bogen der Loggia steht. Ist sie Ehefrau Nummer drei? Vielleicht ist sie auch die vierte Frau des Lebemanns, oder am Ende doch nur eine seiner Gespielinnen. Unzählige Affären werden dem Charismatiker nachgesagt, nicht nur mit den beiden Masseusen, die ihn auf seinen ständigen Reisen durch die ganze Welt begleiten. »Masseuse« ist in diesem Fall wohl die rechte Bezeichnung, denn entspannende Massagen gehören sicherlich auch zum Repertoire der

Damen. Er habe mehr Frauen geliebt als Süleyman der Prächtige, der lüsterne 10. Sultan des Osmanischen Reichs aus dem 16. Jahrhundert. Das behauptete zumindest Titos letzte Frau, nachdem das Eheglück ein Ende gefunden hatte.

Er war Revolutionär, Partisan, Schürzenjäger und dazu ein Prunksüchtiger, der in fast schon vulgärem Luxus schwelgte. Er liebte kubanische Zigarren und edlen Rotwein, kochte mit Filmdiven Pasta, und als sein Leben verfilmt werden sollte, da kam für die Titelrolle kein anderer als der grandiose Charakterdarsteller Richard Burton in Frage. Titos Augen, so hieß es, faszinierten jeden, der ihm begegnete. Seinem Charme erlag sogar die Queen, die nach einem beschwingten Walzer mit dem jugoslawischen Staatspräsidenten erstaunt bemerkte: »Wenn dieser Mann Mechaniker ist, bin ich nicht die englische Königin!«

Mechaniker, genauer gesagt Schlosser, wurde Tito wohl bloß aus Versehen. Lieber hätte der ambitionierte junge Mann, der 1892 im kroatischen Dorf Kumrovec als Josip Broz zur Welt gekommen war, den Beruf eines Kellners oder eines Schneiders ergriffen. Denn schicke Anzüge, Galagarderobe und Paradeuniformen begeisterten Josip Broz, vermutlich aufgrund seiner Prägung durch die auf Pomp fixierte Habsburgermonarchie während der Kindheit in Kroatien. Die schmutzige und anstrengende Arbeit in der Schlosserei kam nicht im Entferntesten dem nahe, was er sich als beruflichen Mittelpunkt seines weiteren Lebens vorstellte. Deshalb ging er schon 1910 als Gastarbeiter ins Deutsche Reich, wo er nicht nur den Grundstein für seine späteren beeindruckenden Kenntnisse von verschiedenen Sprachen legte, sondern auch seine Laufbahn als schillernde Persönlichkeit des 20. Jahrhunderts begann.

Nach Ausbruch des Ersten Weltkriegs zog er für die österreichisch-ungarische Doppelmonarchie in den Kampf, geriet in russische Gefangenschaft, lernte dort den Kommunismus kennen und kam auf den Geschmack. Nach seiner Freilassung kehrte er in die Heimat zurück, um Widerstand gegen die inzwischen dort entstandene serbisch geprägte Königsdiktatur zu leisten. Spätestens in dieser Phase zeigte sich, was in ihm steckte: Getarnt als österreichischer Tourist führte er den serbischen Geheimdienst an der Nase herum, nutzte 30 verschiedene Pseudonyme, gefälschte Pässe und die unterschiedlichsten Maskeraden. Schnell stieg der pfiffige Bursche zum Partisanenführer auf. 1934 legte er sich den Namen Tito zu, und bis heute streiten Historiker darüber, was ihn dazu veranlasst hat und vor allem, was er damit gemeint haben könnte.

Im Zweiten Weltkrieg organisierte er den Widerstand gegen die Nazis. Den Führern der alliierten Mächte entging die sich anbahnende Bedeutung Titos für das Nachkriegsjugoslawien nicht. Und geschickt taktierte Tito, indem er Churchill versprach, unter keinen Umständen ein kommunistisches System in seinem Land zu etablieren. In Anwesenheit Stalins hingegen gab er den linientreuen Kommunisten.

Der Fähigkeit, seinem Gegenüber das zu geben, was diesem gefiel, mag es zu verdanken sein, dass Tito nach dem Zweiten Weltkrieg seine steil nach oben führende Laufbahn unbeirrt fortsetzte. Was oberflächlich betrachtet wie purer Opportunismus wirken mag, war in Wirklichkeit eine äußerst clevere Taktik. Mit wohldurchdachten Zügen setzte Tito sich gegen die antikommunistischen Tschetnik-Freischärler der Serben genauso durch wie gegen die Faschisten der kroatischen Ustascha.

Im November 1945 wurde er nach einer Volksbefragung zum Ministerpräsidenten der Volksrepublik Jugoslawien ausgerufen. Einzig sein Despoten-Kollege Stalin mag die Manöver durchschaut haben, denn er kritisierte Titos luchsartigen

Blick und gab ihm den freundschaftlichen Rat, mit den Augen zu lachen. Denn dann könne es ihm umso leichter gelingen, seinem Gegenüber unvermittelt ein Messer in den Rücken stechen.

Als Staatschef bewies Tito seine taktische Klugheit, indem er es strikt ablehnte, sich im Kalten Krieg auf die Seite eines der beiden verfeindeten Blöcke zu schlagen. Stattdessen verblüffte er die ganze Welt damit, dass er den sogenannten »dritten Weg« einschlug und die blockfreie Bewegung ausrief. Das sicherte ihm den Respekt des Westens, gleichzeitig blieb er aber auch dem Osten verbunden. Denn schließlich führte er sein Jugoslawien mit einem harten Regime sozialistischer Prägung. Im Vergleich zu den Bewohnern der sowjetisch unterjochten Nachbarstaaten ging es den Menschen in Jugoslawien aber immerhin recht gut, sie genossen deutlich mehr Wohlstand und Freiheit als die Völker des Ostblocks.

So gelang es Tito, zum Lieblingsdiktator der ganzen Welt aufzusteigen. Staatsoberhäupter und Prominente hofierten den »größten Sohn der jugoslawischen Völker«, wie er sich gerne nennen ließ, und beschenkten ihn bei offiziellen Visiten mit exotischen Tieren für seinen privaten Zoo auf der Insel Brijuni.

Nach einem Besuch in Titos dortiger Residenz, streng abgeschirmt und mit Kanonen bewehrt, zeigte sich Österreichs Kanzler Bruno Kreisky höchst beeindruckt angesichts der leutseligen Gastfreundschaft und der auffälligen Trinkfestigkeit des Diktators. Auf Brijuni gaben sich Titos illustre Gäste die Klinke in die Hand, seien sie Präsidenten, gekrönte Häupter oder Filmstars, und alle ließen sich nur zu gerne von ihm in seinem 1953er Cadillac über die Insel chauffieren.

Getreue Landsleute sangen derweil inbrünstig das Kampflied »Genosse Tito, wir geloben dir, nie von deinem Wege abzuweichen«, und die deutsche Presse bejubelte ihn als

»braungebrannte, kompakte Mannsgestalt, von einem Schäferhund begleitet«.

Der Boulevard lechzte nach Neuigkeiten von dem glamourösen Staatschef, der sich mit seinem attraktiven Äußeren auf den Fotos der Illustrierten so ausgesprochen gut machte. Es hieß, dass er mit mindestens 16 Frauen insgesamt 20 Kinder gezeugt habe, vier davon mit seiner blutjungen ersten Frau, die bei der Hochzeit im russischen Omsk gerade erst 15 Jahre zählte. Drei der Kinder starben, die Ehe scheiterte, und Tito nahm eine Sloweniendeutsche zur Frau, 24 Jahre jünger als er selbst. Die Bedauernswerte betrog er mit seiner zwanzigjährigen Sekretärin, die zu Ehefrau Nummer drei aufstieg. Seine vierte Frau war sogar ganze 32 Jahre jünger als der inzwischen 54-jährige Tito, und auch diese Ehe missglückte. Nebenbei umgab er sich stets mit wechselnden Partnerinnen, manchen versprach er die Ehe, und mehrfach, so heißt es, löste er die Verlobung am Tag vor der Hochzeit oder erschien schlichtweg nicht zum Termin vor dem Altar. Dieser Tito war einfach immer für eine auflagensteigernde Geschichte gut.

Es scheint, dass der so sympathisch wirkende Tito nicht nur die Frauen, sondern auch seine Kollegen aus der Politik um den kleinen Finger zu wickeln wusste. Die Liste der ihm verliehenen Orden ist lang, sie kamen aus der Sowjetunion, aus Rumänien, aus Kambodscha, aus Brasilien, aus Mexiko und aus der DDR, aber auch aus Großbritannien, Dänemark, Spanien, Frankreich, Norwegen oder Japan. Es kam sogar so weit, dass die europäischen Sozialdemokraten Tito 1973 für den Friedensnobelpreis vorschlugen. Ihr Ansinnen zogen sie erst dann bestürzt zurück, als auch die Sowjets Tito für die Auszeichnung empfahlen.

Wen wundert es noch, dass alle Welt in Trauer verfiel, als Tito im Mai 1980 drei Tage vor seinem 88. Geburtstag das Zeitliche segnete? Seine Trauerfeier geriet zu einer der größten der Geschichte. Die Gäste kamen aus 128 verschiedenen Ländern. Vier Könige, fünf Prinzen, 31 Staatspräsidenten, 22 Premierminister und 47 Außenminister gaben ihm das letzte Geleit. Und außerdem boten sie ein kolossales Gesamtbild aus dunklen Anzügen, fantasievollen Uniformen, arabischen Dishdashas, grauen Sowjetmänteln und afrikanischen Gewändern. Und dazu Jassir Arafat mit Palästinensertuch.

Noch heute wird Tito von vielen Bürgern des ehemaligen Jugoslawiens hoch verehrt. 20.000 Menschen pilgern jedes Jahr zu seiner Grabstätte in Belgrad, und an seinem Geburtstag kommen alljährlich bis zu 10.000 Besucher zum großen Fest in seinem Geburtsort Kumrovec nahe der kroatisch-slowenischen Grenze. Genau wie Titos Zeitgenossen einst dem schönen Schein erlagen, so träumen sie mit wehmutsvoller Nostalgie von einem Damals, das doch nicht mehr ist als die Illusion von einer Seligkeit, die niemals wirklich existierte.

Haben sie alle vergessen, dass Tito nicht nur ein großer Charmeur, sondern vor allem auch ein großer Diktator war? Mit eiserner Hand sicherte er sein Regiment. Besonders in den ersten 20 Jahren seiner Präsidentschaft legte er eine skrupellose Härte an den Tag. Demokratische Entwicklungen duldete er nicht einmal im Ansatz. Wer es wagte, ihm zu widersprechen, wurde brutal demontiert, verschwand für viele Jahre auf der berüchtigten Gefängnisinsel Goli oder wurde kurzweg hingerichtet. Killerkommandos verfolgten Titos Gegner bis ins Ausland, es heißt, dass er allein in der Bundesrepublik Deutschland 22 Exilkroaten ermorden ließ. Bis heute gibt es in den Nachfolgestaaten Jugoslawiens erbitterten Streit um die historische Bewertung der Persönlichkeit des Josip Broz, genannt Tito.

Mittlerweile ist unser Boot weitergefahren und die prächtige Dalmacija-Villa aus unserem Blickfeld entschwunden.

In ihrem acht Hektar großen Park ist inzwischen das »Mittelmeerinstitut für die Wissenschaften des Lebens« untergebracht, lässt unser Guide uns wissen.

Während ich noch darüber nachdenke, was ich mir darunter genau vorzustellen habe, erzählt er, dass man die Villa für Hochzeiten mieten kann. Ihr Inneres sei allerdings in bedauernswertem Zustand, denn nach Titos Abgang habe man sie vernachlässigt. Noch heute meiden Regierungsangehörige das symbolträchtige Haus. Und auch die Stadt Split weiß nicht so recht, was sie damit anstellen soll.

Deshalb wurde 2015 die Konzession zur Nutzung der Villa ausgeschrieben. Man muss nur dazu bereit sein, die Renovierungskosten zu übernehmen. Zehn Millionen Euro, so schätzt die Stadt, würden da schon reichen, ein Pappenstiel angesichts des Objektwerts von geschätzten 120 Millionen Euro. Dem bereitwilligen Investor wird das edle Anwesen für 40 Jahre zur Verfügung gestellt. Und er muss nach den anfänglichen Restaurierungskosten auch bloß noch die monatliche Miete aufbringen – schlappe 50.000 Euro. Schönheit, das wusste auch Tito, hat eben ihren Preis.

Janjeći ragu s povrćem – Lammtopf mit Gemüse

Zutaten für 4 Personen:

1 kg mageres Lammfleisch
400 g Kartoffeln
250 g Möhren
2 kleine Zucchini
300 g Prinzessbohnen
6 Tomaten
½ Blumenkohl
1 Zwiebel
1 Knoblauchzehe
1 El Tomatenmark
250 ml Weißwein
400 ml Lammfond
2 Zweige Rosmarin
2 Zweige Thymian
2 Lorbeerblätter
1 Bd. Blattpetersilie
2 El Mehl
50 ml Olivenöl
50 g Butter
Salz
Pfeffer

Zubereitung:

Zwiebel und Knoblauch schälen und fein hacken. Das Fleisch in mundgerechte Stücke schneiden. In einem schweren Topf das Olivenöl erhitzen und die Fleischstücke darin ringsum bräunen. Nun Zwiebeln und Knoblauch hinzufügen und mitbraten, bis sie ebenfalls gebräunt sind. Mit dem Mehl bestäuben, gut verrühren, danach das Tomatenmark zugeben und kurz anbraten. Mit dem Lammfond und dem Weißwein ablöschen, salzen, pfeffern und die Rosmarin- und Thymianzweige sowie die Lorbeerblätter hinzugeben. Aufkochen lassen, dann die Hitze reduzieren bis die Flüssigkeit nur noch leise köchelt, mit dem Deckel verschließen und 1 ½ Stunden lang garen lassen.

In der Zwischenzeit die Kartoffeln schälen und grob würfeln. Die Möhren schälen und in Scheibchen schneiden, die Zucchini längs vierteln und in ca. 1 cm dicke Stücke schneiden. Den Blumenkohl in Röschen zerteilen, die Bohnen putzen, die Tomaten würfeln.

Die Hälfte der Butter in einer Pfanne zerlassen, die Möhren hinzugeben und braten, bis sie bräunen, dann herausnehmen und beiseitestellen. Nun den Rest der Butter in der Pfanne zerlassen und mit den Zucchinistücken genauso verfahren. Die Petersilienblättchen abzupfen und hacken.

Nach Ablauf der 1 ½ Stunden die Kartoffeln zum Fleisch geben, aufkochen und dann mittlere Hitze einstellen. Nach 10 Minuten den Blumenkohl, die Bohnen, die Möhren und die Tomaten hinzugeben, nach weiteren 10 Minuten die Zucchini. Noch einmal 10 Minuten lang köcheln lassen, dann Lorbeerblätter, Rosmarin und Thymian entfernen und erneut mit Salz und Pfeffer abschmecken. Den Herd ausschalten und vor dem Servieren die Petersilie unterrühren.

Višnjevac Liker – Kirschlikör

Zutaten:

2 kg Schattenmorellen
1 kg Zucker
1 l 90-prozentiger Alkohol
1 l Wasser

Zubereitung:

Die Schattenmorellen entsteinen, in ein verschließbares Glasgefäß geben und mit dem Alkohol übergießen. 2 Monate an einem sonnigen Ort stehen lassen. Dann das Wasser mit dem Zucker aufkochen und rühren, bis der Zucker gut gelöst ist. Eventuell entstehenden Schaum abschöpfen, die Flüssigkeit abkühlen lassen. Die eingelegten Schattenmorellen durch ein feines Sieb abgießen, dabei die Flüssigkeit auffangen, mit dem Zuckerwasser vermischen und danach in Flaschen abfüllen.

Zagruda – die Wurzeln der Gemeinschaft

Auf dem sonnengedörrten Rasen liegt ein glitzerndes Etwas. Es wirkt wie eine übergroße Discokugel, die vom Himmel gefallen ist. Ein Stück dahinter ragt ein dunkles Gebilde wie die stilisierten Finger einer Riesenhand aus dem gebleichten Grün empor, und daneben liegt das rostige Bruchstück eines großen Kreises, als habe ein Bauunternehmen es dort vergessen.

Doch natürlich ist nichts davon zufällig hierhergelangt, wir befinden uns nämlich im Skulpturenpark des kroatischen Bildhauers Dušan Džamonja in Vrsar auf der Halbinsel Istrien. 2009 starb der erklärte Lieblingskünstler des früheren Staatschefs Tito im Alter von 80 Jahren in Zagreb. Zu Titos Zeiten hatte er in dessen Auftrag das ehemalige Jugoslawien mit zahlreichen teilweise monumentalen Denkmälern überzogen, die meist an die Siege der Revolution erinnern sollten.

Mit seinem konzeptionellen Design und seinen innovativen Methoden, traditionelle Materialien zu verarbeiten, fand er auch auf internationaler Bühne große Beachtung. Sein besonderes Anliegen ist es gewesen, die fließenden Formen der Natur mit der Härte und den klaren Linien menschengemachter Dinge zu verbinden und somit die Einheit von Mensch und Natur zu symbolisieren. Seine Werke stehen außer in den Staaten des ehemaligen Jugoslawiens weltweit in zahlreichen Museen, unter anderem in New York, London, Paris, Antwerpen oder São Paulo.

Grund genug, uns trotz der Sommerhitze auf einen Spaziergang durch seinen Park zu begeben. 1970 hatte Džamonja hier ein Haus erbaut und begonnen, den zehn Hektar großen Skulpturengarten anzulegen. Zwischen den Hügeln erhascht man immer wieder einen Blick auf die Bucht mit ihrem einladenden Wasser, über dem zahlreiche Segelboote dümpeln und von der Anwesenheit vieler Feriengäste zeugen. Das ist kein Wunder, denn die Menschen auf der Halbinsel im Norden Kroatiens leben außer von Landwirtschaft und Fischerei in erster Linie vom Tourismus.

Aber eigentlich wollte ich eine ganz andere Geschichte erzählten. Istrien mit seinen dicht besiedelten Küsten, die im starken Gegensatz zu dem eher einsamen Landesinneren stehen, ist nämlich in seiner Vergangenheit von einer sozialen Struktur geprägt worden, die sich von der des restlichen Kroatiens grundlegend unterscheidet. Das erfahre ich durch unseren Vermieter Igor, Soziologe an der Universität Pula, als ich ihm vom Schicksal des Mosor-Bauern Pavo und der Hilfsbereitschaft seiner Dorfgemeinschaft nach der Brandkatastrophe erzähle.

»Das ist kein Wunder«, meint Igor, »dort wirkt die Zagruda noch bis heute nach!« Zagruda? Davon habe ich noch nie gehört.

»Wir hier in Istrien sind anders als die übrigen Kroaten«, setzt Igor zur Erklärung an. »Im Unterschied zu ihrem Gebiet ist unseres nämlich nie von den Slawen eingenommen oder besiedelt worden.«

Als Rom sich in der Antike allmählich zur Weltmacht aufschwang, so erzählt er weiter, da lebte in Istrien ein Volk von verwegenen Piraten. Lange leisteten diese den eroberungshungrigen Römern erbitterten Widerstand, aber zu Beginn des zweiten vorchristlichen Jahrhunderts fiel Istrien schließlich doch unter römische Herrschaft. Gemeinsam mit Venetien bildete es die Provinz Aquileia. Die Römer importierten neben ihrer Infrastruktur, von der es in Istrien noch zahlreiche architektonische Zeugen gibt, auch ihre Lebensweise und ihr gesellschaftliches Gefüge.

Dazu gehörte die streng geregelte Ordnung der verwandtschaftlichen Hierarchie. Deren Kernzelle bestand im Alten Rom stets aus einer einzelnen Familie. Das unangefochtene Oberhaupt einer solchen Familie stellte der Vater dar, gefolgt von seiner Ehefrau und nach ihr den Söhnen mit deren Familien. Allein der Vater verfügte über den Familienbesitz, er befahl über die restlichen Familienmitglieder und die Sklaven, während der Mutter die Oberhoheit über den Haushalt zufiel. Die Macht des Vaters ging so weit, dass nicht nur sein Wort als absolute und endgültige Entscheidung galt, er hatte sogar das Recht, über Leben und Tod der übrigen Familienmitglieder und der Sklaven des Haushalts zu entscheiden. Auch das Erbrecht unterlag klaren Regelungen: Starb der Patriarch, so erbten Ehefrau und Kinder sein Vermögen zu gleichen Teilen, mit Ausnahme der bereits verheirateten Töchter. Denn diese hatten schon eine Mitgift erhalten, die als vorzeitiges Erbe galt.

Die römische Tradition der Familienhierarchie ist bis heute Grundlage der familiären Systeme in vielen Regionen des früheren römischen Reichs geblieben, wobei sie im Lauf der Zeiten natürlich Anpassungen und Veränderungen erfahren hat. Auch in Istrien ist dieses römische Element durchgängig erhalten geblieben. Denn die Slawen, die in der Spätantike durch Ostrom auf dem Balkan angesiedelt wurden – wir haben schon davon gehört – kamen nie weiter als bis zur Ostgrenze von Istrien.

Die Slawen brachten nämlich aus Osteuropa ihr eigenes familiäres Rangsystem mit auf den Balkan, und genau wie die römische Tradition das Familienleben in Westeuropa geprägt hat, so wirkt die slawische Variante in den Balkanstaaten bis heute nach. Sie hat in zahlreiche Gesetze Einzug gehalten und bestimmt noch immer die typische Lebensweise. Für Panslawisten bildet sie das wertvollste gemeinsame Erbe aus urslawischer Zeit. Und unter dem kommunistischen Regime wurde sie als Vorform der eigenen Vorstellungen von einer optimalen menschlichen Gesellschaft idealisiert.

In den vergangenen 200 Jahren haben sich viele Forscher damit beschäftigt, und seit 1818 bezeichnet man das System als »Zagruda«. Das ist aber nur eine literarische Wortschöpfung, in früheren Zeiten hieß der slawische Familienverband schlicht »kuća«, das heißt »Haus«. Er ist die historisch gewachsene Antwort auf die Lebensbedingungen der Menschen, die geprägt wurden durch die Abhängigkeit von der Landwirtschaft, die Abwesenheit oder Unzulänglichkeit staatlicher Strukturen, später auch durch das mittelalterliche Steuerwesen sowie durch das osmanische Feudalsystem.

Die traditionelle Zagruda ähnelt mehr einer Genossenschaft als einer Familie. Wichtigstes verbindendes Kriterium unter den Mitgliedern ist deren Verwandtschaft untereinander, wobei diese ausschließlich der männlichen Linie folgt. Zusammen mit ihren Familien bilden die Mitglieder gcmeinschaftlich dic Zagruda.

Das herausstechende Merkmal dieser Zagruda ist, dass sämtliche Vermögenswerte in gemeinschaftlichem Besitz stehen. Die Verpflichtungen und Rechte, die sich aus dem Eigentum ergeben, bleiben über Generationen hinweg bestehen und liegen dabei stets in kollektiver Hand. Es gibt dementsprechend nichts zu vererben, was zur Folge hat, dass im

Gegensatz zum römischen Familienrecht das Vermögen und insbesondere der Grundbesitz einheitlich zusammengehalten wird. Eine Parzellierung, die im Lauf der Zeit zur Zersplitterung der Flurflächen führt, ist somit ausgeschlossen.

Alle Mitglieder der Zagruda arbeiten auf dem gemeinschaftlichen Land und teilen den erzielten Gewinn untereinander. Dass dies auch funktioniert, dafür sorgt ein weisungsbefugtes Oberhaupt. Als streng patriarchalisches System wird die Zagruda selbstverständlich von einem Mann geführt. In der kleinsten Form der Zagruda, einer Familie aus Eltern und deren verheirateten Söhnen nebst deren Familien, steht der Vater an der Rangspitze. Stirbt er, so folgt ihm einer der Söhne nach.

In der Regel besteht eine Zagruda aber aus einem größeren Geflecht etlicher untereinander verwandter Familien, meist 40 bis 50 Personen, mitunter aber auch bis zu 80. Alle volljährigen Männer bestimmen gemeinsam, wer ihr Anführer, der »Starješina«, sein soll. Stirbt der alte Clanchef, so wählen sie denjenigen, der sich durch seine Arbeitsleistung und durch seine Führungsqualitäten über die Jahre hinweg besonders hervorgetan hat.

Der Starješina entscheidet über die alltäglichen Verrichtungen und verteilt die Aufgaben. Auch vertritt er die Zagruda nach außen und trägt die Verantwortung für sämtliche Handlungen der Gemeinschaft. Im Gegensatz zum römischen Familienoberhaupt hat er aber keinerlei individuelles Verfügungsrecht über den Besitz und kann ihn den anderen nicht vorenthalten. Seine Führungsposition ist außerdem nicht unwiderruflich und unumstößlich.

Und die Frauen? Auch ihnen steht eine Ranghöchste vor, die ihre Stellung durch Wahl erhalten hat. Sie bestimmt und beaufsichtigt die Arbeit der Frauen, sie hält den Daumen auf die Fleischvorräte und gibt diese nach Bedarf an die einzelnen Haushalte ab, genauso, wie sie Wolle und Hanfgarn an die Frauen verteilt. Doch damit ist ihr Kompetenzbereich im Wesentlichen auch schon erschöpft, denn auch im slawischen Familiensystem nehmen die Frauen lediglich eine untergeordnete Stellung ein.

Ehefrauen kommen stets nur von außerhalb der Zagruda, über die Eheschließungen bestimmt der Starješina. Die eigenen Mädchen werden entsprechend in andere Zagruda-Verbände verheiratet. Eine Mitgift gibt es im Gegensatz zum römischen System nicht, die Ehefrau ist damit für alle Zukunft von ihrer neuen Zagruda abhängig. Der gesellschaftliche Druck zu einer frühen Hochzeit ist hoch, denn in den Kindern liegt die Zukunft der Zagruda, und weil die Sterblichkeitsrate hoch ist, werden möglichst viele Nachkommen benötigt. Sklaven, Knechte oder Mägde gibt es nicht, einzig die Mitglieder verrichten die anfallende Arbeit. Durch die frühe Heirat ist es keine Seltenheit, dass drei oder vier Generationen einer Familie gemeinsam unter einem Dach leben, denn es ist üblich, dass frisch vermählte Paare im Haus des Brautvaters bleiben.

Die Männer begründen ihre vermeintlich naturgegebene Herrschaftsrolle mit ihrem angeblich »dickeren Blut«. Dementsprechend sind Söhne deutlich höher angesehen als Töchter, und straft das Schicksal einen Vater, indem es ihm nur Mädchen gewährt, so kann er diesen Makel durch Adoption eines Jungen beheben. Söhne werden mit der »Slava-Kerze« verglichen, die symbolträchtig beim traditionellen Slava-Fest zu Ehren des Schutzheiligen der Familie entzündet wird, und die Slava-Kerze soll niemals erlöschen.

Sieben bis acht Jahre lang untersteht der Sohn der Erziehung durch die Mutter, danach übernehmen Vater, Großvater oder ältere Brüder die Aufgabe und führen den Knaben in die Arbeit ein. Von Geburt an steht er im Rang deutlich über seinen Schwestern, auch wenn diese älter sind als er. Die Schwestern haben ihm zu gehorchen, müssen ihn bedienen und ihm Ehre erweisen. Auf der anderen Seite ist der Sohn zeitlebens verpflichtet, seine Mutter zu ehren und zu respektieren. Sie wird immer über seiner eigenen Ehefrau stehen. Ohnehin wird die Ehefrau nie eine zentrale Stellung im Leben des Mannes einnehmen. Neben seiner Mutter stehen selbst die während der Kindheit mitunter arg drangsalierten Schwestern rangmäßig über der eigenen Frau.

Innerhalb der Zagruda herrscht ein strenges Wertesystem. Die grundlegendsten Ideale sind Solidarität und gegenseitige Unterstützung. Von den Mitgliedern werden absolute Ehrlichkeit und Offenheit erwartet, außerdem Fleiß und Eigenverantwortlichkeit.

Und über allem steht die Tradition des eigenen Familienverbands. An den langen Winterabenden erzählen die Älteren von den Vorfahren und deren – natürlich nur rühmlichen – Taten, und schon die Kleinsten können die einzelnen Namen über mehrere Generationen zurück aufzählen. Die Ahnen sind die Wurzeln der Zagruda und gelten als ihr unerschöpflich sprudelnder Quell der Ehre, der durch das stetige Gedenken lebendig bleibt und so auch in Zukunft für den Zusammenhalt und damit für das Fortbestehen der Gemeinschaft sorgen wird.

Erst ab Mitte des 19. Jahrhunderts beginnt die Bedeutung der Zagruda allmählich zu sinken. Die Ursache liegt in der zunehmend stärker werdenden Rolle des Staates, in der wachsenden Geldwirtschaft und in der gesellschaftlichen Öffnung hin zu einer globaleren Welt. Durch die immer schneller fortschreitende Industrialisierung setzt nach dem Zweiten Weltkrieg ein noch rasanterer und vor allem unaufhaltsamer

Zerfallsprozess ein. Und doch wirkt die durch viele Jahrhunderte erfolgte Prägung bis zum heutigen Tage nach.

»Die Zagruda fungierte stets wie eine Wagenburg, die alle in ihrem Inneren beschützt,« schließt Igor seine Erläuterungen. »Deshalb ist es ganz selbstverständlich, dass Pavo in seiner Notlage Unterstützung durch Freunde und Verwandte aus seinem Dorf erhält.«

Sie schenken ihm neue Ziegen, ein neues Auto, junge Olivenbäume und was er sonst noch braucht, seien es Möbel, Haushaltsgegenstände, Gartengeräte oder Kleider. Und natürlich packen alle mit an, wenn sein Haus, sein Hof und sein Olivenhain aus der Asche der Verwüstung wiederauferstehen werden.

»Auf seine eigene Art und Weise«, fügt Igor noch hinzu, »spiegelt auch der Künstler Dušan Džamonja diesen Zusammenhalt der Menschen in seinen Werken wider. Die stilisierten Objekte wirken kraftvoll, rund und harmonisch. Sie stechen wie Fremdkörper aus ihrer Umgebung heraus, aber sie bilden doch eine stimmige, in sich geschlossene Einheit. Sie stehen wie ein trutziges Bollwerk und vermitteln den Eindruck, dass kein äußerer Einfluss ihnen jemals etwas anhaben könnte. Ganz wie die Zagruda!«

Istarska Supa – istrische Suppe

Zutaten für 4 Personen:

1 l trockener Rotwein (am besten Teran, vollmundiger, dunkelroter Wein von den istrischen Karstböden)
30 ml Olivenöl
40 g Zucker
Pfeffer
geröstetes und gewürfeltes Lepinje-Brot (Rezept s. Seite 25)

Zubereitung:

Der Wein wird erhitzt (nicht gekocht), wobei Zucker, Öl und eine gute Prise Pfeffer untergerührt werden. Zum Servieren gibt man die Wein-Suppe zusammen mit den Brotstücken in die in Istrien typische Tonkanne und verzehrt sie auch daraus.

Odojak i krumpir s ružmarinom – Spanferkel mit Rosmarinkartoffeln

Zutaten für 4 Personen:

1,5 kg Spanferkel mit Schwarte
1 kg Kartoffeln (festkochend)
100 g gewürfelter Speck
5 Zwiebeln
3 Knoblauchzehen
100 ml Olivenöl
4 Zweige Rosmarin
3 Lorbeerblätter
5 Pimentkörner
Salz
Pfeffer

Zubereitung:

Die Zwiebeln schälen, drei davon jeweils vierteln, die anderen beiseitestellen. Das Fleisch salzen und pfeffern, mit der

Hautseite nach unten in eine Auflaufform legen und Wasser bis zu einer Füllhöhe von ca. 1,5 cm hinzugeben. Die Zwiebelviertel, die Lorbeerblätter und die Pimentkörner rings um das Fleisch platzieren.

Den Backofen auf 180°C vorheizen und die Form hineinstellen.

Nach 45 Minuten herausnehmen, das Fleisch wenden und die Schwarte mit einem scharfen Messer rautenförmig bis auf das Fleisch hinab einschneiden. Nun mit der Schwartenseite nach oben für 1 ½ Stunden zurück in den Ofen stellen.

In der Zwischenzeit die Kartoffeln schälen und in mundgerechte Stücke schneiden, die verbliebene Zwiebel würfeln, die Knoblauchzehen häuten und fein hacken, die Rosmarinzweige in kleine Stücke zerteilen. Den Speck ohne Fett in eine Pfanne geben und kross rösten, dann herausnehmen und auf Küchenkrepp abtropfen lassen. Nun das Olivenöl in die Pfanne geben und erhitzen, die Kartoffeln hinzugeben und ca. 20 Minuten lang unter gelegentlichem Wenden braten, bis sie zu bräunen beginnen. Dann Rosmarin, Zwiebeln und Knoblauch hinzugeben, salzen, pfeffern und noch einmal ca. 10 Minuten lang fertig rösten, bis die Kartoffeln goldbraun und knusprig sind. Zum Schluss den Speck unterrühren und kurz mitbraten.

Nach Ablauf der 1 ½ Stunden Backzeit für das Spanferkel die Grillfunktion des Backherds hinzuschalten und 10–15 Minuten bei starker Hitze weiterbacken, bis die Schwarte kross ist.

Herausnehmen, das Fleisch zerteilen und mit den Rosmarinkartoffeln servieren. Dazu grünen Salat reichen.

Dinja u Maraschino – Maraschino-Melone

Zutaten für 4 Personen:

1 Zuckermelone
200 g Himbeeren
1 Zitrone
8 cl Maraschino
30 g Zucker
1 Handvoll frische Minze

Zubereitung:

Die Melone schälen, entkernen und würfeln. Die Zitrone auspressen, den Saft mit Zucker und Maraschino vermischen. Die Minzeblättchen in kleine Stückchen zupfen und alles zusammen mit den Himbeeren gut unter die Melonenstücke mengen. Mindestens 3 Stunden im Kühlschrank durchziehen lassen und gut gekühlt servieren.

Von Schrift und Genuss – Besonderheiten aus Istrien

Am Abend sitzen wir mit Igor in seiner Laube und genießen die Aussicht, die uns mit einem farbenprächtigen Sonnenuntergang über dem Meer beschenkt. Weil Igor ein Genießer ist, öffnet er dazu eine Flasche des kraftvollen Teran-Weins, der seine einzigartige Aromenvielfalt den Karstböden Istriens verdankt.

»Dieser kommt aus Motovun«, sagt Igor und nippt genussvoll an seinem Glas. »Dort gedeihen die besten Trauben, deshalb ist der Motovunski Teran so ein erstklassiger Tropfen. Und wenn ihr mal im Herbst oder Winter wiederkommt, dann müsst ihr in Motovun die weißen Trüffel probieren. Sie sind etwas ganz Besonderes, weil sie in einem Eichenwald wachsen, der regelmäßig von einem Fluss überschwemmt wird.«

Igor erzählt von seinem Freund, der in Motovun lebt und zwei Trüffelhunde besitzt. Deren feinen Nasen entgeht keine der edlen Knollen. Ab Mitte September geht es los, dann, wenn die meisten Touristen die Halbinsel verlassen haben. Schwarze Trüffel lassen sich in Istrien fast das ganze Jahr über finden, aber Igors Freund hat es auf die raren und begehrten weißen Exemplare abgesehen. Und die gibt es nur in der Zeit zwischen Mitte September und Ende Januar.

»Weiße Trüffel sind das Parfum der Küche«, schwärmt Igor. »Sie verzaubern jede Speise, mit der sie in Berührung kommen, ob Nudeln, Risotto, Njoki oder Fleischgerichte, ob Brot mit geschmolzenem Käse oder bloß eine einfache Eierspeise.« Er lacht auf. »Mein Freund raspelt sie sogar über Vanilleeis!« In Istrien, so lässt er uns wissen, werden die Trüffel nicht gehobelt, wie es in der Gourmetküche allgemein üblich ist, sondern fein gerieben. Erst dadurch, davon ist Igor überzeugt, entfaltet sich der großartige Geschmack vollständig.

Als er uns dann fragt, ob wir schon in Motovun gewesen seien, müssen wir verneinen. Igor gibt sich entrüstet. »Motovun ist eins der schönsten Städtchen hier in Istrien, das dürft ihr euch nicht entgehen lassen. Es liegt auf einem fast 300 Meter hohen Bergkegel und wird von seinem mittelalterlichen Stadtturm überragt. Der historische Stadtkern ist noch komplett erhalten, ebenso der Mauerring mit seinen Wehrtürmen.« Dann seufzt er. »Die meisten Urlauber sehen sich ja nur die bekannteren Orte an, und meist auch nur diejenigen, die an der Küste liegen.« Er legt die Stirn in Falten und mustert uns mit gespieltem Ärger. »Ich wette, ihr wart schon in Rovinj und in Pula!«

Verlegen nickend bestätige ich seinen Verdacht. Das malerische Rovinj an der istrischen Westküste zählt schließlich zu den beliebtesten Zielen in ganz Kroatien. Der Anblick der farbenfrohen Fassaden, die sich im Halbrund um den schlanken Kirchturm in ihrer Mitte schmiegen und unvermittelt dem Meer zu entsteigen scheinen, ist aber auch märchenhaft schön. Dicht an dicht reihen sich die Häuser aneinander, schmal und hoch gebaut, denn der Platz auf der kleinen Halbinsel von Rovinj ist begrenzt. Entsprechend eng drängen sich die Besucher während der Sommerzeit durch die winkligen Gassen der Altstadt.

Das nicht weniger als 7.000 Jahre alte Pula hingegen ist ein Muss für die Fans antiker Sehenswürdigkeiten. Allen voran drängt sich das große Amphitheater aus der Zeit des Augustus ins Blickfeld, es ist eines der größten noch erhaltenen Bauwerke seiner Zunft. Zunächst nur ein bescheidener Holzbau, erfuhr es unter Vespasian und dessen Sohn Titus umfangreiche Erweiterungen und bot ab dem Jahr 81 n. Chr. Platz für 26.000 Zuschauer, denen blutige Gladiatorenkämpfe und Seeschlachten geboten wurden. Heute dient es weitaus erfreulicheren Zwecken, hier finden kulturelle Darbietungen wie Opern, Theater oder Konzerte aus der Welt von Klassik, Rock und Pop statt. Sogar als Eishockeyarena hat das Amphitheater schon einmal gedient.

Und weil es in Pula neben etlichen weiteren baulichen Zeugen der Geschichte auch ein lebendiges Stadtleben mit Bars, Restaurants und reizvollen kleinen Boutiquen gibt, lässt sich wohl kaum ein Istrienreisender den Besuch in der Stadt entgehen.

Ratlos frage ich Igor, welche besonderen Plätze in Istrien er denn empfehlen würde. Da lächelt er versöhnlich. »Istrien ist ein schönes Land, und es ist zu Recht ein vielbesuchtes Reiseziel. Und überall gibt es eine Menge zu entdecken, man muss nicht immer nur in die Küstenstädte und an die großartigen Strände fahren.«

Kaum jemand wisse, so erzählt er weiter, dass sich in Istrien die kleinste Stadt der Welt befinde. Es handelt sich um Hum, einen Flecken an der nordöstlichen Grenze der Region. Die Siedlung ist ziemlich alt, doch erst im elften Jahrhundert wurde Hum zur Festung ausgebaut. So erhielt es eines Tages die Stadtrechte, und es darf sie weiterhin behalten, wenngleich heutzutage nur noch zwischen 20 und 30 Personen dort wohnen. Doch immerhin haben sie ihren eigenen Bürgermeister.

»Der Weiler ist durchaus sehenswert«, meint Igor. »Obwohl Hum nur aus zwei Gassen und drei Häuserreihen besteht, gibt es doch auch eine barocke Kirche und sogar ein fast 1.000 Jahre altes Stadttor. Außerhalb der Mauern steht zudem eine Friedhofskirche aus dem zwölften Jahrhundert, in der die originalen Fresken aus der Bauzeit erhalten sind. Dort sieht man im Übrigen auch noch die glagolitische Schrift.« Igor betont die letzten Worte und setzt dabei eine wichtige Miene auf. Er vermutet richtig, dass ich keine Ahnung habe, wovon er spricht.

Doch gerne ist er dazu bereit, mir die zugehörige Geschichte zu verraten. »Im neunten Jahrhundert lebte Konstantin, ein christlicher Missionar aus Thessaloniki«, hebt er an. »Dieser Konstantin kam viel in der Welt herum, er reiste nach Konstantinopel, lebte eine Weile im Zweistromland und auf dem kleinasiatischen Berg Uludağ. Weiter trieb es ihn in die heutige Ukraine, nach Mähren, an den Plattensee und später bis nach Rom.«

Auf all diesen Reisen lernte Konstantin die verschiedenen Sprachen der Menschen kennen. Die Komplexität und die Unterschiede der Idiome zogen ihn in ihren Bann, so begann er, sich mit Sprachforschung zu befassen. Was die zugehörige Schrift anbelangte, so stieß er bald auf ein ziemliches Problem. Denn das griechische Alphabet, das er selbst verwendete, eignete sich nicht wirklich für die slawischen Sprachen, die er kennengelernt hatte. Deshalb erdachte er gemeinsam mit seinem Bruder Methodius die glagolitische Schrift, die zwar auf dem griechischen System basiert, aber neue Zeichen verwendet. Dabei setzten die beiden Brüder hauptsächlich geometrische Formen ein, wie Kreuz, Quadrat, Kreis und Dreieck. Die neue Schrift erhielt erst im Kroatien des 16. Jahrhunderts einen Namen, nämlich Glagoliza. Das leitet sich vom altslawischen Verb »glagoljati« ab und bedeutet »sprechen«.

Die Glagoliza erlaubte es endlich, typisch slawische Laute darzustellen, was mit der griechischen Schrift bisher nicht so gut möglich gewesen war. Und eine eigene slawische Schrift hatte es bis zum neunten Jahrhundert nicht gegeben. Die glagolitischen Bibelschriften verbreiteten sich deshalb im slawischen Sprachraum sehr schnell. In Dalmatien und besonders in Istrien bevorzugte man dabei eine besonders eckige Schreibweise. Im Nordosten des Sprachraums hingegen, wo damals das Bulgarische Reich existierte, wurden die Formen bald runder und entwickelten sich zu dem weiter, was wir heute als kyrillische Schrift kennen. Jener Konstantin trat nämlich kurz vor seinem Tod in Rom in ein griechisches Kloster ein und nahm dort den Namen Kyrill von Saloniki an.

Während sich die kyrillische Schrift für alle slawischen Sprachen im Süden und Osten Europas sowie Asiens durchsetzen konnte, blieb Glagoliza im westlichen Sprachraum erhalten. Zunächst überdauerte sie in Dalmatien und in Serbien, später nur noch auf der Insel Krk, wo mit der Tafel von Baška eine der ältesten Inschriften entdeckt wurde, und außerdem im Osten der Halbinsel Istrien.

»Womit wir wieder in Hum gelandet wären«, beendet Igor die Geschichte des griechischen Mönchs und seiner Schöpfung. »Dort lag nämlich noch bis zu Beginn des 19. Jahrhunderts eines der kulturellen Zentren der glagolitischen Schrift.«

Besonders die kroatische Nationalbewegung nutzte Glagoliza als Alleinstellungsmerkmal und zur Abgrenzung gegenüber dem Westen mit seiner lateinischen und dem Osten mit der kyrillischen Schrift. Noch heute gilt die Glagoliza als nationales Symbol und wird gerne zur Verzierung von Schmuck oder für Logos verwendet.

Igor streift den Ärmel seines T-Shirts hoch und zeigt seine Tätowierung. Sie besteht aus ein paar eigenartigen Zeichen, die gut von einem obskuren Geheimbund stammen könnten. Doch er lächelt stolz. »Das ist gar nicht so mysteriös, wie es wirkt«, sagt er, »denn das ist glagolitisch und heißt nichts anderes als ‚Istra' – die kroatische Bezeichnung für Istrien! Bei uns ist die Glagoliza für Tattoos sehr beliebt. Sie ist eben eine rein kroatische Besonderheit.«

Nicht weit von Hum, so fährt er fort, liegt Roč, das ebenfalls die Stadtrechte hält und Hums Rang als kleinste Stadt der Welt mit seinen 180 Einwohnern beinahe schon in Gefahr bringen könnte. Die sechs Kilometer lange Strecke zwischen den beiden Ortschaften verbindet ein ganz besonderer Weg, die Glagolitische Allee. Entlang ihrer Strecke erinnern steinerne Denkmäler an die älteste slawische Schrift. »Das ist nicht nur ein schöner Spaziergang durch die istrische Landschaft, sondern auch eine gute Gelegenheit, mehr über Glagoliza und die beiden Mikrostädte zu erfahren!«, meint Igor. »Es lohnt sich eben, die Küste mal zu verlassen und das Landesinnere zu erkunden. Da ist Kroatien zwar vielerorts noch nicht aus seinem Dornröschenschlaf erwacht, dafür lassen sich die Menschen mit ihren Bräuchen und Traditionen nirgends besser kennenlernen, und nirgends kann man die heimische Kost und ihre Delikatessen besser erkunden.«

Damit, so fährt Igor fort, könne man gleich in Hum beginnen. Denn so winzig dieser Flecken auch sein mag, so hält er neben der besonderen Schrift doch tatsächlich noch eine weitere Überraschung bereit. Dort gibt es nämlich sogar ein Gasthaus, eine sogenannte Konoba, wie die typischen Tavernen an der kroatischen Adriaküste genannt werden. Konobe sind klein und bieten nur eine bescheidene Auswahl traditioneller Gerichte an, dazu ein paar lokale Weine und Spirituosen.

Die Konoba von Hum ist Heimat einer ganz besonderen Spezialität. Es ist der Biska, eine aus Misteln und diversen Kräutern gebrannte Spirituose, deren Rezept streng geheim gehalten wird. Angeblich soll es mehr als 2.000 Jahre alt und keltischen Ursprungs sein. Biska hilft bei Arterienverkalkung und Bluthochdruck, da ist sich Igor sicher. Und weil Biska so einzigartig ist, findet alljährlich Ende Oktober in Hum eine Schnapsmesse statt, bei der man auch die anderen hochprozentigen Köstlichkeiten Istriens probieren kann.

Überhaupt biete sich der Herbst als Reisezeit an, meint Igor. Wenn die Strandurlauber die Halbinsel verlassen haben, kommt die Zeit für Genießer und alle, die Istrien wirklich kennenlernen wollen. Dann ist nicht nur die beste Saison für Trüffel und Schnaps, sondern auch für die anderen Preziosen der istrischen Küche.

Da sind zum Beispiel die weißen Boškarin-Rinder mit den langen Hörnern, die es nur in Istrien gibt. Ein besonders ursprünglicher Geschmack kennzeichnet deren Fleisch, denn es handelt sich um eine uralte Rasse. Die Tiere sind groß und kräftig, deshalb hat man sie früher als Arbeitstiere in der Landwirtschaft eingesetzt. Die modernen Traktoren hätten ihnen beinahe den Garaus gemacht, deswegen gab es zur Jahrtausendwende nur noch weniger als 100 Tiere. Doch die steigenden Ansprüche in der Gourmetküche und die Rückbesinnung auf überlieferte Werte führten allmählich zu einem Umdenken. Heute wird das istrische Rind als Fleischlieferant gezüchtet, wodurch die Rasse vor dem Aussterben bewahrt werden konnte. Als außergewöhnliche Leckerei gilt die Salami, die es passenderweise auch in einer getrüffelten Variante gibt. Ihr kann höchstens noch der istrische Schinken Konkurrenz machen, der dank seiner jahrhundertealten Herstellungsweise eine weitere herausragende Spezialität der Halbinsel ist. Und wahre Kenner lassen sich unter keinen Umständen die Jakobsmuscheln von Novigrad entgehen, einer Hafenstadt im Nordwesten von Istrien. Weil sich hier in einer Flussmündung das Meerwasser mit Süßwasser vermischt, sollen die »kapešante« von Novigrad nämlich ganz besonders schmackhaft sein.

Während die Sonne längst am Horizont verschwunden ist und die Nacht ihr glitzerndes Sternenzelt über uns ausgebreitet hat, schwelgt Igor noch ein Weilchen in seinen kulinarischen Träumereien. Er schwärmt von fangfrischen Fischen und vom wilden grünen Spargel, der das Frühjahr an den Gaumen zaubert, von den leckeren istrischen Fuži-Nudeln und schließlich wieder von seinem Freund aus Motovun, der die nächste Trüffelsuche kaum erwarten kann. Wie gerne würde ich ihn dabei begleiten!

Istarska fritaja s tartufima – istrisches Omelette mit Trüffeln

Zutaten für 4 Personen:

10 Eier
80 g frische Trüffel (möglichst weiße, sonst schwarze)
80 g Butter
100 g geriebener Pager Käse (ersatzweise ein anderer würziger Hartkäse)
Salz

Zubereitung:

Die Eier mit etwas Salz in einer Schüssel verquirlen. Die Trüffel mit der Reibe fein raspeln. Die Butter zusammen mit 3 Esslöffeln Wasser in eine beschichtete Pfanne geben und ganz langsam erhitzen. Wenn die Butter zu schmelzen beginnt, die Trüffel hinzugeben und bei niedriger Temperatur mit der Butter vermengen. Sobald das Wasser verdampft ist, die Eimasse hinzugeben und die Pfanne mit dem Deckel verschließen, bis die Masse stockt, aber noch weich ist. Auf Tellern anrichten und mit dem Käse bestreuen.

Istarski fuži – istrische Nudeln

Zutaten für 4 Personen:

400 g Mehl
2 Eier
Salz

Zubereitung:

Das Mehl sieben und mit den Eiern, Salz und 4–5 El Wasser zu einem geschmeidigen Teig verkneten. Danach zur Kugel formen, fest in Frischhaltefolie einwickeln und 1 Stunde lang in den Kühlschrank legen. Nach Ablauf der Zeit den Teig in 2 Teile teilen und nacheinander zu Quadraten von jeweils ca. 35 cm Seitenlänge ausrollen. Diese Quadrate in kleinere Quadrate von jeweils 3,5 cm Seitenlänge schneiden, danach jedes der kleinen Quadrate an zwei gegenüberliegenden Seiten über der Kuppe des kleinen Fingers zusammendrehen und die Spitzen dabei zusammendrücken.

Die Fuži werden in siedendem Salzwasser 3–4 Minuten lang gegart und mit Butter, geriebenem Käse oder einer beliebigen Sauce verspeist. Köstlich sind sie auch mit Trüffeln in zerlassener Butter (s.o.).

Perlen und Sternenstaub – die Inseln der Kornaten

Der irische Dramatiker George Bernard Shaw machte durch seine intellektuelle Gesellschaftskritik und seine Visionen für eine bessere Welt auf sich aufmerksam. Weniger kennt man ihn als romantischen Schwärmer, deshalb mögen die Worte umso schwerer wiegen, die er zur Beschreibung der Kornaten anlässlich seines Besuchs der Inselgruppe im Jahr 1929 fand: »Am letzten Schöpfungstag wollte Gott sein Werk krönen, und so schuf er die Kornaten aus Tränen, Sternen und Atemhauch.« Tatsächlich erzählt eine alte Legende, dass Gott am siebten Schöpfungstag noch eine Handvoll Steine gefunden habe, und dass er diese wie einen Regen aus Sternenstaub vor der dalmatinischen Küste ins Meer gestreut habe.

Von Zadar aus sticht das Boot in See, mit dem wir die Kornaten erkunden. Wie schillernde Perlen gleißen die Inseln unter der Sonne und bilden einen scharfen Kontrast zum tintenblauen Meer. Auf diesen bleichen Karstinseln gedeiht nicht viel: nur ein bisschen duftende Macchia, die die Luft mit den Aromen von Salbei, Thymian und Oregano erfüllt, niedrige Sträucher und hier und da vielleicht ein paar vereinzelte Steineichen. Der hiesige Kalksandsteinboden ist trocken, porös und wasserdurchlässig, auch gibt es keine Quellen, Wasserläufe oder gar Seen. Wie die fremdartigen Welten eines fernen Planetensystems ragen die Inseln aus dem dunklen Kosmos des Meeres, mondähnlich karg und scheinbar genauso unbelebt.

Aus wie vielen Inseln der Archipel besteht, lässt sich nicht so genau sagen. Ein alter Spruch behauptet zwar, es gebe so viele Inseln wie Tage im Jahr, doch das ist wohl übertrieben. Man findet unterschiedliche Angaben, die meist eine Anzahl zwischen 120 und 160 nennen, je nachdem, ob auch die kleinsten der Inseln mitgezählt werden. Die sind meist nicht viel mehr als ein aus dem Wasser ragender Felsen.

Kornat hingegen ist die größte Insel und zugleich Namensgeberin des Archipels. Ihre Bezeichnung leitet sich von »corona« ab, dem lateinischen Wort für »Krone«, und beschreibt damit eine Besonderheit dieser Inselwelt. Denn die Kornaten sind nichts anderes als die Gipfel eines im Meer versunkenen Gebirges. Oder besser gesagt, eines versinkenden Gebirges, denn noch immer tauchen die Kornaten weiter hinab in die Fluten. Ganz so, als seien sie schöne, aber sehr blasse Meerjungfrauen, die enttäuscht von der Oberflächlichkeit des irdischen Daseins seufzend in die blaue Ewigkeit dahinsinken.

Weil dieses meistzergliederte Ökosystem in der Adria ein einzigartiges Refugium darstellt, wird es seit 1980 als Naturpark geschützt. Denn so unwirtlich und so spärlich bewachsen sie auf den ersten Blick erscheinen mögen, bieten die kornatischen Inseln doch Raum für mehr als 500 Arten von Landpflanzen. Hinzu kommen mehr als 1.000 Meeresbewohner in den geschützten Buchten, darunter alleine rund 200 verschiedene Algenformen und knapp 600 Arten wirbelloser Tiere. Es gibt etwa 180 Gattungen von Fischen, 60 Korallenarten, außerdem die bis zu 110 Zentimeter langen Karettschildkröten und einige Säugetierspezies, darunter Delfine und die seltenen Mönchsrobben. Hinzu kommen zahlreiche Vogelarten, zum Beispiel Wanderfalken, Uhus und Kormorane.

Zur offenen Adria hin stürzt der Archipel über schroffe Klippen ab, in seinem Inneren hingegen schlängeln sich enge Seewege zwischen den einzelnen Inseln hindurch. Versteckt liegen hier paradiesische Strände, die nur mit dem Boot erreichbar sind, und überall da, wo kein Seegras am Meeresboden wächst, schimmert das Wasser in intensivem Türkisblau. Das bekannteste dieser faszinierenden Farbwunder ist die Blaue Lagune vor dem Kiesstrand von Krknjaši auf der Insel Drvenik, eines der beliebtesten Ausflugsziele der Kornaten.

Die Insel Drvenik gehört zu den wenigen bewohnten Eilanden des Kornaten-Archipels. Auch auf einige andere der größeren Inseln haben sich Menschen vorgewagt, beispielsweise auf Kornat, Piškera oder Žut. Sie fristen ihr Dasein als Fischer oder als Hirten, von deren Anwesenheit die Steinmauern auf einigen der Inseln zeugen. Einst grenzten sie die Weidegründe der Herden voneinander ab. Allein auf der Insel Kornat lassen sich 50 solcher Trockenmauern entdecken, manche davon viele Kilometer lang. Ihre schnurgeraden, sich immer wieder kreuzenden Linien ziehen sich über die Insel wie das bizarre Muster geheimnisvoller Zeichen, die sich an himmlische Götter oder gar an ferne Außerirdische richten. Die Hütten der Schäfer liegen weit verstreut, denn genauso, wie sie ihre Herden voneinander trennten, so blieben auch die Schäfer am liebsten für sich alleine. Und auch die wenigen Fischerhäuser liegen in der Regel nur vereinzelt an einsamen Buchten.

Zumeist sind die Inseln ohnehin nur im Sommer bewohnt. An besonders geschützten Stellen haben die Menschen das bisschen Erde zusammengekratzt, das sich finden ließ, und ein paar Rebstöcke, Oliven- und Feigenbäume angepflanzt. Da es keine natürlichen Süßwasservorkommen gibt, wird der Regen in Zisternen aufgefangen, und weil auch keine Lebensmittelversorgung existiert, muss alles, was nicht selbst produziert werden kann, vom Festland herbeigeschafft werden. Aufgrund dieser Beschwernisse haben sich auf den Inseln keine größeren Siedlungen oder gar Städte entwickelt. Und trotzdem gibt es inzwischen sogar ein paar Marinas und Restaurants, der Tourismus macht's möglich.

Doch nicht immer präsentierten sich die Inseln so kahl und abweisend, wie sie es heute tun. Während der Antike war der gesamte Archipel von dichten Wäldern bedeckt. Die Römer wussten die Abgeschiedenheit und Ruhe der Kornaten durchaus zu schätzen, deshalb erbauten sich manche wohlhabende Bürger Feriendomizile in den Buchten, um dort die ungestörte Sommerfrische zu genießen.

Allerdings brachten die römischen Eroberer auch ihre Bedürfnisse mit in die Inselwelt, und weil das expandierende Imperium nach immer mehr Rohstoffen für Gebäude und Schiffe hungerte, begannen die Römer damit, den dichten Wald der Kornaten systematisch abzuholzen. Was ihnen nicht zum Opfer fiel, das holten sich später die Venezianer, und die Hirten erledigten durch Brandrodung den Rest, um neue Weidegründe für ihre Schafe zu erschließen. Noch im 19. Jahrhundert soll auf der Insel Kornat eines dieser Feuer ganze 40 Tage lang gewütet haben.

Der Erosion schutzlos ausgeliefert, verkarstete das Land in sprichwörtlicher Windeseile. Denn der Bora-Wind, der besonders zur Winterzeit aus dem Osten heranwehende trockene und kalte Fallwind der kroatischen Adriaküste, trägt mit seinen heftigen Böen auch noch die kleinste Krume davon. Er zählt mit Spitzengeschwindigkeiten von bis zu 250 Stundenkilometern zu den stärksten Winden der Welt.

Und dennoch versuchten auch die Herren späterer Zeiten, auf den Kornaten Fuß zu fassen, weil diese aufgrund ihrer Lage einen günstigen Brückenkopf darstellten. Erst kamen die slawischen Kroaten, welche die römischen Siedler verdrängten, dann die Eroberer aus der Republik Venedig, nach ihnen die Strategen aus Österreich-Ungarn und aus Italien nach dem Ersten Weltkrieg. Sie alle sind an der Besiedlung der Inselwelt gescheitert, doch ihre Spuren lassen sich vielerorts noch entdecken.

So gibt es auf der gerade mal gut anderthalb Quadratkilometer großen Insel Lavsa die Ruinen historischer Salinen, die darauf schließen lassen, dass hier einst das Salz zur Konservierung des Fischfangs gewonnen wurde. Heute stehen noch zehn Häuser auf Lavsa, die im Sommer bewohnt sind. Erstaunlicherweise fungieren drei davon als Restaurants. Das ist darauf zurückzuführen, dass Lavsa über ein natürliches Hafenbecken verfügt. In der warmen Jahreszeit treffen sich Yachten und Ausflugsboote an dem geschützten Ankerplatz.

Die einander benachbarten Inseln Piskera und Vela Panitula standen einst im besonderen Fokus der Venezianer. Davon zeugen nicht nur die Reste der Burg des Steuereintreibers aus dem 16. Jahrhundert, sondern auch das Kirchlein und die Lagerhäuser, die man heute noch sehen kann. Beide Inseln konnten damals sogar durch eine Zugbrücke miteinander verbunden werden.

Funde aus weit älterer Zeit beweisen, dass Menschen wohl schon immer von den Kornaten in ihren Bann gezogen wurden. Man cntdeckte Steinäxte aus dem Neolithikum, und auf der Insel Murter zeigen die Reste von Wohnhäusern aus illyrischer Zeit, dass die Insel damals weitaus dichter besiedelt war als heutzutage. Auf der Insel Kornat thront die Festung Tureta aus dem sechsten Jahrhundert, und zu ihren Füßen liegt eine Basilika aus altchristlicher Zeit. In der Bucht von Tarac steht die Kirche »Gospa od Tarac«, die auch »Königin der Meere« genannt wird und zu einer nicht genauer bestimmten Zeit in der ersten Hälfte des letzten Jahrtausends entstand.

Doch so mancher Besucher mag auch einem Schwindel auf den Leim gehen, wenn er die vermeintlichen Zeugen der Vergangenheit auf dem verlassenen Mana entdeckt, einem anderthalb Kilometer langen Inselchen am Westrand des Archipels. Fast 80 Meter hoch ragt das steile Kliff von Mana halbkreisförmig aus dem offenen Meer empor. Bläst der Scirocco – in Kroatien »Jugo« genannt –, der im Gegensatz zum Bora-Wind heiße Luft aus der Sahara über das Mittelmeer herbeiträgt, so kann die Brandung sich bis zu 40 Meter hoch vor diesen Felsen auftürmen. Der heftige Scirocco-Wind trägt dann die Tropfen weit über die Insel, wo sie wie Regen herniederprasseln.

Die ungewöhnliche Dramatik dieses Naturspektakels erregte das Aufsehen der Location-Scouts von Telefilm, einer Münchner Produktionsgesellschaft. Sie waren nämlich auf der Suche nach einem geeigneten Drehort für die Verfilmung des Abenteuerromans »Raubfischer in Hellas«, in dem der harte Überlebenskampf eine zentrale Rolle spielt. So kam es, dass im Sommer 1959 ein Produktionsteam mit 160 Mitgliedern auf der kleinen Insel einfiel, darunter die Hauptdarsteller Maria Schell und Cameron Mitchell. Um die passende Kulisse zu schaffen, entstand direkt oberhalb der Klippe ein Fischerdorf aus niedrigen Steinhäusern im griechischen Stil, die sich um eine kleine Kirche gruppieren. Nach Abschluss der Dreharbeiten blieben die Bauten stehen, und all die Jahrzehnte hindurch trotzten sie einsam und verlassen hoch über dem weiten Meer der Unbill von Wind und Wetter. Deshalb kann man sie nur zu leicht mit einer echt antiken Siedlung verwechseln.

Wenn auch in der Vergangenheit alle Versuche scheiterten, die Inselgruppe langfristig zu erobern, so ist deren Inbesitznahme in unserer Zeit doch endlich gelungen. Denn nun hat der Tourismus die verträumten Kornaten für sich entdeckt. Zunächst waren es nur wenige, die es an die menschenleeren Strände verschlug. Verirrte sich ein Schiff in eine Bucht, an der ein Fischerhaus lag, so warfen dessen Bewohner rasch ein paar fangfrische Fische auf den Grill, reichten dazu etwas Brot, Mangold sowie Wein und verdienten sich damit ein höchst willkommenes Zubrot. Als dies immer öfter geschah, eröffnete hier und da eine richtige Konoba, und inzwischen gibt es sogar schon um die 35 davon.

Eine offizielle Fährverbindung existiert zwar immer noch nicht, doch umso mehr Ausflugsunternehmen bieten Tagestouren zu den Kornaten an. Wer sie erkunden will, muss allerdings vorab eine Zutrittsgebühr an die Parkverwaltung auf der Insel Murter entrichten, deren Verkaufsstellen es auch auf dem Festland gibt. Außerdem sind die strengen Verhaltensregeln des Nationalparks zu beachten.

Bei der Rundfahrt durch den Archipel kann man sich dann an den kuriosen Namen mancher Inselchen erfreuen. Sie heißen »Hut«, »Korb«, »Toter«, »Spaßvogel«, »Kleine Dirne« oder gar »Omas Arsch«. Nach dem Hintergrund gefragt, senkt mancher Reiseleiter mitleidsvoll den Blick und redet von einsamen Fischern, die sich die Namen erdacht haben, um dem drohenden Trübsinn ein Schnippchen zu schlagen. Ein anderer hingegen erzählt vielleicht die ebenfalls kursierende alternative Entstehungsgeschichte: Zur Zeit der k. u. k. Doppelmonarchie kamen Landvermesser auf die Inseln und zeichneten Karten vom Archipel. Die Bewohner ärgerten sich über die Störung ihres beschaulichen Alltags. Als die Landvermesser sie dann nach den Bezeichnungen der kleinsten Inseln fragten, weil sie diese in ihre Karten eintragen wollten, da erlaubten sich die Fischer einen Schabernack und dachten sich kurzerhand Spaßnamen aus.

Heute kreuzen Segler, Yachtbesitzer und Ausflugsboote durch den Archipel. Manche Besucher reisen an, weil sie es auf ein Bad in der berauschenden Farbenpracht von Buchten wie der Blauen Lagune abgesehen haben. Auf die unbewohnten Eilande zieht es dagegen Romantiker, die sich einmal wie Robinson Crusoe fühlen wollen. Und natürlich kommen auch Taucher auf ihre Kosten. Im magischen Unterwasserreich der Kornaten erwarten sie atemberaubende Begegnungen mit zauberhaften Seepferdchen, die sich im leuchtenden Grün der Neptungraswiesen tummeln, mit scheuen Muränen oder skurril geformten Krabben, mit Seesternen, Seeigeln, bunten Schnecken, Muscheln und Tintenfischen. Die Fischgründe an den Hängen des versunkenen Gebirges zählen zu den üppigsten der ganzen Adria.

Und weil dieses Gebirge unaufhaltsam weiter sinkt, werden die Meeresfluten eines Tages die Zauberwelt der Kornaten in einer Sinfonie aus Türkis und Blau verschlingen und unter ihren Wogen begraben. Doch bis dahin soll es noch ein Weilchen dauern. Denn das Gebirge ist gemächlich unterwegs, für einen einzigen Meter seiner Reise in die Tiefe braucht es 1.000 Jahre.

Pečeno povrće sa ovčjim sirom – gebratenes Gemüse mit Schafskäse

Zutaten für 4 Personen:

2 rote Zwiebeln
1 Aubergine
2 kleine Zucchini
2 rote und 2 gelbe Paprikaschoten
1 grüne Chilischote
3 Knoblauchzehen
½ Zitrone
1 Bd. Rucola
250 g Schafskäse
50 ml Olivenöl
Salz
Pfeffer

Zubereitung:

Die Zwiebeln schälen und in Ringe schneiden. Die Auberginen und die Zucchini würfeln, die Paprikaschoten entkernen und in Streifen schneiden, die Chilischote von den Kernen befreien und fein hacken, die Knoblauchzehen häuten und ebenfalls fein hacken. Die halbe Zitrone auspressen. Den Rucola waschen und entstielen.

Das Olivenöl in einer großen Pfanne erhitzen und Zwiebeln sowie Knoblauch anbraten. Als nächstes die Auberginen hinzugeben und 5 Minuten lang rösten, dann Paprika und Chili beifügen und weitere 5 Minuten lang rösten. Dabei gelegentlich wenden. Nun die Zucchini hinzugeben, mit Salz und Pfeffer würzen und alles weitere 10 Minuten unter Rühren braten, bis das Gemüse appetitlich gebräunt ist.

Die Pfanne vom Herd nehmen und 5 Minuten lang abkühlen lassen. Den Schafskäse zerbröckeln. Dann das Gemüse in eine Schüssel geben, den Zitronensaft unterrühren. Zuletzt den Schafskäse sowie den Rucola vorsichtig darunterheben.

Mit Lepinje-Brot servieren (Rezept s. Seite 25).

Pilećí ražnjići – Hähnchenspieße

Zutaten für 4 Personen:

800 g Hähnchenbrust
200 ml Weißwein
300 ml Olivenöl
1 Zitrone
2 Tl gehackter frischer
Thymian
2 Tl gehackter frischer
Majoran
Salz
weißer Pfeffer

Zubereitung:

Die Zitrone auspressen. Aus Weißwein, Olivenöl, Zitronensaft, Majoran, Thymian, Salz und weißem Pfeffer mit dem Schneebesen eine Marinade rühren. Das Fleisch in ca. 2 cm dicke Quadrate von 5 cm Seitenlänge schneiden, in die Marinade legen, sodass alles Fleisch davon bedeckt ist, und über Nacht im Kühlschrank durchziehen lassen.

Zur Zubereitung das Fleisch auf Metallspieße stecken und den Grill gut einheizen. Am besten schmecken die Spieße vom Holzkohlegrill, zur Not kann man sie aber auch auf dem Gasgrill oder in der Pfanne zubereiten. Die Spieße bei starker Hitze auf dem Rost grillen, dabei mehrmals wenden.

Zu den Ražnjići serviert man Đuveč-Reis, Lepinje-Brot und/oder Ajvar. Nach Geschmack kann man auch Paprika, Zwiebeln oder aber Champignons zwischen die Fleischstücke stecken.

Der Fluch des Paradieses – Lokrum

Ich erinnere mich, dass dunkles, üppig wucherndes Grün mich umringte, sobald ich das Boot verließ und die Insel betrat. Ein Labyrinth aus Zweigen und glänzenden Blättern, die sich über meinem Kopf miteinander zu einem geheimnisvollen, verlockend duftenden Urwald verschlangen. Dazwischen entfalteten sich aus dem grünen Wirrsal heraus große, hauchzarte Blüten, verzauberte Feenwesen in blassrosa Gewand. Ich weiß noch, wie märchenhaft mir all dies erschien, dieser subtropische Urwald, der mir seine verbotenen Pforten öffnete. Ich betrat ihn zögerlich, ganz so, als beginge ich damit einen unerhörten Frevel.

Denn meine Eltern hatten davon gesprochen, dass die Insel mit ihrem seltenen Grün unter strengem Naturschutz stehe. Dass es gar nicht so selbstverständlich sei, sie betreten zu dürfen, und dass unser Besuch auf dem kleinen Eiland deshalb eine ganz besondere Wertschätzung verdiene. Diese Worte beeindruckten mich tief, denn ich war noch ein Kind. Und die fast völlige Abwesenheit anderer Menschen während unseres Rundgangs über Lokrum schien meinen Eltern recht zu geben.

Obwohl dieses Erlebnis nun viele Jahrzehnte zurückliegt, haben sich die Eindrücke von Lokrum, dem magischen Refugium in einem verwunschenen Reich, tief in meine Erinnerung eingebrannt. Deshalb horche ich auf, als Zlatko, der Guide aus Dubrovnik, zur Abrundung unseres Aufenthalts in der prachtvollen Stadt einen Besuch der Insel Lokrum vorschlägt.

Verklärte Bilder aus lange vergangener Zeit zaubern mir ein Lächeln auf die Lippen, und deshalb machen wir uns gleich am nächsten Morgen auf den Weg, um noch vor dem großen Besucheransturm das erste Shuttleboot nach Lokrum zu erwischen. Denn mittlerweile wird die kleine Insel im Halbstundentakt von Dubrovniks Altstadthafen aus angesteuert.

Lokrum liegt nur ein paar hundert Meter von diesem Hafen entfernt. Noch immer steht es unter Naturschutz, und wer es besuchen möchte, muss eine Eintrittsgebühr entrichteten. Lokrum ist unbewohnt, nichtsdestotrotz gibt es eine Handvoll Restaurationsbetriebe, und einige Gebäude ragen zwischen den Bäumen empor. Sie erzählen von der sagenumwobenen Geschichte des verlassenen Inselchens, das so unschuldig und still der herrlich leuchtenden Adria entsteigt.

Alles begann im zehnten Jahrhundert, als sich ein paar griechische Mönche des Basilianerordens auf die menschenleere Insel zurückzogen. Von deren Abgeschiedenheit erhofften sie sich die nötige meditative Stille, in der sie ihren Glauben nach eigenen Vorstellungen mit spirituellem Reichtum ausfüllen konnten. Weil sie jedoch im Gegensatz zu anderen katholischen Bruderschaften nur einen lockeren Verbund aus frommen Männern darstellten, erhielten sie alsbald Konkurrenz von den strenger organisierten Benediktinern. Dieser Orden erfuhr in jener Zeit regen Zuspruch, boten seine festgelegten Regeln doch ein stabiles Gerüst, das beruhigende Sicherheit zu versprechen schien. So kam es, dass die Basilianer von Lokrum schon im darauffolgenden Jahrhundert durch Benediktiner verdrängt wurden.

Diese kamen aus dem nahen Dubrovnik, und zum Zeichen, dass Lokrum nun von ihrem Orden beansprucht wurde, errichteten sie im Jahr 1023 ein Kloster auf der kleinen Insel. Auch die Benediktiner hatten sich ein friedliches, einsames

Refugium erhofft, wo sie ihren Riten und ihren geistlichen Studien in aller Ruhe nachgehen konnten. Dieser Plan ging zunächst auf. Denn es sollte Jahrhunderte dauern, bis sich das Schicksal wenden würde.

Nur ein einziges Mal in dieser Zeit wären Ruhe und Ordnung beinahe aus den Fugen geraten. In einer Winternacht des Jahres 1191 kämpfte ein stolzes Segelschiff vor der dalmatinischen Küste gegen einen mörderischen Sturm, der die Wellen zu einem kirchturmhohen Gebirge anwachsen ließ. Verzweifelt versuchten die Seefahrer, sich gegen diese Urgewalt zu wehren. Doch ihr Unterfangen schien aussichtslos. Kraftstrotzende Böen peitschten die Tropfen wie alles durchdringende Salven über das schwankende Deck, wuchtige Wasserschwalle klatschten über die Bordwand. Schon riss das Besansegel, schon neigte sich der Großmast bedenklich und zerrte an den Wanten.

Mit schreckensstarrer Miene klammerte sich ein Mann an die Reling und konnte den Blick nicht von den ungestümen Fluten abwenden, die das Schiff zu verschlingen drohten. Da endlich erspähte er die kleine Insel, die sich dunkel und schemenhaft zwischen dem prasselnden Regen und den hoch aufgetürmten Wellen abzuzeichnen begann. Mit plötzlicher Hoffnung richtete der Mann den Blick gen Himmel und schwor, eine Kirche just an dem Ort erbauen zu lassen, an dem er festen Boden erreichen und somit sein Leben retten würde.

Sein Stoßgebet wurde erhört, denn alsbald trieb das Schiff in eine kleine Bucht vor jener Insel, die keine andere als Lokrum war. Verkeilt zwischen den Felsen überstand es dort den schrecklichen Sturm, und alle Männer, die sich an Bord befunden hatten, retteten sich auf das sichere Land.

Als Erster betrat jener Mann die Gestade von Lokrum. Ein verklärtes Lächeln glitt über seine Züge, als er sein Gelöbnis wiederholte und mit der Linken dabei in ausladender Geste einen Halbkreis beschrieb: »Hier, an diesem Ort, werde ich ein Gotteshaus errichten!«

Seine Worte wogen schwer, deshalb ging ein ehrfürchtiges Raunen durch die Reihen der Männer. Nicht irgendeiner tat diesen Schwur, sondern Richard I., genannt Löwenherz. Der englische König befand sich auf der Rückreise aus dem Heiligen Land, wo er am Dritten Kreuzzug teilgenommen hatte.

Sofort begann – wie versprochen – der Kirchenbau. Doch die stolzen Bewohner des nahen Dubrovnik stach dies wie ein schmerzhafter Dorn im Auge. Warum sollte das kleine, unbedeutende Lokrum eine pompöse Basilika erhalten, wo sie selbst doch gerade alles zu erübrigende Hab und Gut zusammenkratzten, um ihrer Stadt eine angemessene Kathedrale stiften zu können? So umgarnten sie den englischen König, gaben ihm Logis in einem fürstlichen Palast und luden ihn zu Tafeln voller Leckereien, zu Tanz, Umtrunk und fröhlichem Gesang. Da endlich legte der König weinselig den Arm um die Schulter des Stadtherrn, lachte und sprach: »Das sehe ich doch ein! Ihr braucht das Gotteshaus weit nötiger, sei's drum, so soll die Kirchenspende Euch an Lokrums statt zugutekommen!«

Und so kam es, dass Richard Löwenherz den Bau der Kathedrale von Dubrovnik großzügig unterstützte, nicht aber den versprochenen Sakralbau auf Lokrum. Ist es diesem Schwurbruch geschuldet, dass seit damals ein Fluch über der Insel zu liegen scheint?

Zwar blieb das Kloster noch jahrhundertelang bestehen, und auch die venezianischen Eroberer, die von dort aus Dubrovnik einzunehmen versuchten, scheiterten an dessen Gegenwehr.

Doch eines Tages verwüstete ein fürchterliches Erdbeben die Insel. Mit äußerster Mühe bauten die Benediktiner zwar das

Kloster wieder auf, allerdings nur, um sich bald darauf mit ihrer Vertreibung durch die Truppen Napoleons konfrontiert zu sehen. Die französischen Eroberer trugen sich mit der Absicht, auf der Insel die wehrhafte Festung Fort Royal zu errichten.

Daher ist der Fluch von Lokrum vielleicht auch auf die Benediktinermönche zurückzuführen, die sich für die erniedrigende Schmach der Vertreibung bitterlich gerächt haben sollen. Es heißt, dass sie sich in der Nacht vor ihrem Abgang mit Fackeln entlang der Küsten Lokrums aufreihten und diese Fackeln verkehrt herum in den Boden stießen, um damit symbolhaft die Erde der Insel zu verbrennen. Dann sprachen sie düstere Worte der Verdammnis und umkreisten ganz Lokrum dreimal, den schrecklichen Fluch dabei ständig wiederholend.

Seit jener Nacht soll jeden, der die Herrschaft über Lokrum anstrebte, ein grässliches Schicksal ereilt haben. Zwar errichteten die Franzosen wie geplant ein Fort auf dem höchsten Punkt der Insel, doch traf das Unheil die drei Gesandten Napoleons, von denen die Mönche zuvor zum Verlassen ihres Klosters gezwungen worden waren. Der erste stürzte aus einem hoch gelegenen Fenster, der zweite ertrank, der dritte erlag einem Meuchelmörder. Und gleich nach der schon bald darauf erfolgten Niederlage Napoleons verloren die Franzosen das kleine Eiland mitsamt dem Fort.

Mehr Glück schien dem Bruder des österreichischen Kaisers zu lächeln, der die Insel nach dem Wiener Kongress erwarb und das alte Kloster zu einer schmucken Sommerresidenz umbauen ließ. Ihm ist es zu verdanken, dass hübsche Gärten entstanden und bequeme Spazierwege, die zwischen Zitronenbäumchen, Rosen, Lavendel und Oleander hindurchführen. Aber dann kommandierte man den hohen Herrn nach Mexiko ab, wo er zum König ernannt wurde. Nur drei Jahre später erschossen ihn blindwütige Revolutionäre.

Ein steinreicher Arzt aus Budapest kaufte derweil das verwaiste Lokrum, doch schon bald darauf entlarvte man ihn als Hasardeur. Seine Approbation war gestohlen, sein Vermögen erschwindelt, der Mann ging ins Gefängnis und Lokrum an einen ungarischen Offizier. Gleich am ersten Tag stach dieser von seinem neuen Eiland aus zu einem Segeltörn in See, ein Sturm kam auf, und der Unglückselige kehrte nie mehr zurück.

So lebt nun kein Mensch mehr auf der verwunschenen Insel, nur die Tagesbesucher erfreuen sich an ihrer herrlichen Vegetation und an der Pracht ihrer Gärten. Hier gedeihen so rare Gewächse wie schwarze Pinien oder mächtige Eukalyptusbäume, Agaven und Kakteen, dazu exotische Magnolien und hohe Palmen, aber auch Bambus, Kiefern, Eichen, Lorbeerbüsche und Oliven. Zudem gibt es einen von hohen Felsen umschlossenen Salzwassersee, genannt »Totes Meer«, in dem man sogar baden kann.

Das alles sei wirklich schön, hat Zlatko uns noch mit auf den Weg gegeben. Und ganz in der Manier des professionellen Serien-Guides fügt er nun lächelnd hinzu, dass deshalb natürlich auch die Macher der Serie Game of Thrones eines Tages nach Lokrum gekommen seien. Hier hätten sie nicht nur verschiedene Szenen für die Stadt Quarth gedreht, nein, als besonderes Schmankerl stehe der Eiserne Thron aus der Serie in einem kleinen Museum auf der Insel – waschecht und original! Mit einem Augenzwinkern wendet er sich an unsere Teenager, die natürlich längst hellhörig geworden sind: »Und da darf man sich sogar draufsetzen!«

Ich muss nicht erwähnen, dass es uns keine Überredungskunst kostet, die beiden zum frühen Aufstehen für den Ausflug nach Lokrum am nächsten Morgen zu motivieren. Die Temperaturen sollen auch an diesem Tag wieder auf fast 40 Grad ansteigen, je früher wir im kühlen Schatten des Dschungels von Lokrum ankommen, desto besser. Doch bevor wir die Insel erkunden können, müssen wir natürlich zuallererst den Eisernen Thron besuchen.

Der Weg dorthin ist keinesfalls ausgeschildert. Nur mithilfe des Links zu einer Online-Karte, den Zlatko mir geschickt hat, können wir das Ziel in einem unscheinbaren Gebäude lokalisieren. Auch die erwarteten Menschenmassen sind nicht zu sehen, außer uns haben bloß zwei Japanerinnen die versteckte Serienrequisite aufgetan. Leider befindet diese sich weit hinten unter finsterem Gewölbe, wo es fast schon stockdunkel ist. Doch die cleveren Japanerinnen finden den Lichtschalter, und schon zeigt sich das Prunkstück in seiner ganzen Pracht. Und außer mir scheint niemand irritiert zu sein, als sich beim Probesitzen herausstellt, dass der begehrte Sitz keineswegs aus eisernen Schwertern, sondern vielmehr bloß aus Plastik geformt ist.

Es kostet unsere Teenager einige Mühe, sich vom Eisernen Thron wieder loszureißen. Aber schließlich lockt auch der Spaziergang zu den Resten des französischen Forts. Den Aufstieg dort hinauf hat schließlich selbst die Drachenkönigin schon filmogen bewältigt.

Leider haben wir die erbarmungslose Hitze unterschätzt, die während der Vormittagsstunden mit feuerglühender Entschlossenheit um sich greift und uns den schattenlosen Aufstieg zur Tortur macht. Mit letzter Kraft erreichen wir das Fort Royal auf dem mit knapp 100 Metern höchsten Punkt der Insel. Der herrliche Ausblick auf Dubrovnik vermag uns nur wenig Trost zu spenden, und der Rückweg wird zur hitzestarrenden Quälerei. Ist es der Fluch von Lokrum, der uns trifft?

Überall liegen Feuerwehrschläuche am Wegrand herum. Die Waldhüter des Nationalparks von Lokrum wehren mit aller Entschlossenheit schon dem kleinsten Brand, weil dieser sich schnell ausbreiten und die Insel samt ihrer prächtigen Vegetation im Feuer verschlingen würde. Welch ein Segen, dass es auch Hydranten gibt. Und es kümmert mich an diesem glutheißen Tag recht wenig, ob ihr Wasser von trinkbarer Qualität ist oder nicht.

Wie erleichtert bin ich, als ich am Abend endlich wieder meinen fliegenden Teppich hoch über der Bucht von Dubrovnik besteige. Vor dem dunkelnden Horizont hebt sich die Silhouette von Lokrum, und aus seinem dichten Dschungel ragt der Turm des französischen Forts heraus, den die Abendsonne in ihr rotes Feuerlicht taucht. Noch ein letztes Mal genieße ich den magischen Anblick des goldglänzenden Halbrunds von Dubrovnik, das majestätisch schön dem nächtlich träumenden Meer entsteigt.

Riblji paprikaš – Fischeintopf mit Paprika

Zutaten für 4 Personen:

800 g gemischter Fisch (bevorzugt Süßwasserfisch küchenfertig filetiert)
250 ml Gemüsebrühe
250 ml Weißwein, je 1 rote, gelbe und grüne Paprika
1 Gemüsezwiebel
1 rote Chilischote
2 Knoblauchzehen,
2 El Paprikapulver (edelsüß)
2 El Tomatenmark
1 Lorbeerblatt, Olivenöl, Salz, Pfeffer

Zubereitung:

Die Paprika putzen und in dünne Streifen schneiden. Zwiebel und Knoblauch schälen, die Zwiebel halbieren und in Halb-Ringe schneiden, die Knoblauchzehen fein hacken. Die Chilischote längs aufschneiden, entkernen und fein hacken. Den Fisch in mundgerechte Stücke schneiden.

In einem Topf einen Schuss Olivenöl erhitzen, Zwiebeln, Paprika, Chili und Knoblauch hineingeben und leicht anbräunen lassen. Nun das Tomatenmark hinzugeben, kurz mitbraten, danach mit der Gemüsebrühe sowie dem Wein ablöschen. Das Lorbeerblatt und das Paprikapulver hinzugeben, salzen, pfeffern und bei mittlerer Hitze 10 Minuten köcheln lassen. Anschließend den Fisch hinzugeben, aufkochen lassen und dann 20 Minuten bei mittlerer Hitze garen, dabei keinesfalls rühren, da der Fisch sonst zerfällt. Bei Bedarf kann man den Topf anheben und kurz schütteln. Vor dem Servieren das Lorbeerblatt entfernen.

Dazu isst man breite Nudeln.

Nabujak s limunom – Zitronensoufflé

Zutaten für 4 Personen:

4 Eier
10 Löffelbiskuits
150 g Puderzucker
4 unbehandelte Zitronen
4 cl Zitronenlikör (Liker od limuna)

80 g Zitronenmarmelade
120 g Himbeeren
4 Blättchen frische Minze
Salz
Puderzucker zum Bestäuben
etwas Butter

Zubereitung:

Die Zitronen waschen, die Schale dünn abreiben, danach die Zitronen auspressen. Die Eier in Eiweiß und Eigelb trennen. Die Eigelbe mit 50 ml des Zitronensafts, 2 cl Zitronenlikör, der Hälfte der abgeriebenen Schale und 100 g Puderzucker in eine Schüssel geben und zu einer dicken Creme aufschlagen. Die Löffelbiskuits gut zerreiben und anschließend unter die Creme mischen. Die Eiweiße mit einer Prise Salz sehr steif schlagen und zum Schluss vorsichtig unter die Creme heben.

Den Backofen auf 160°C vorheizen. Die Creme in vier feuerfesten, mit Butter eingefetteten Förmchen verteilen und diese auf ein Backblech stellen. 15–20 Minuten im Ofen backen, bis das Soufflé aufgegangen ist, währenddessen keinesfalls die Ofentür öffnen.

Den restlichen Zitronensaft, die Zitronenmarmelade, den restlichen Schalenabrieb und den restlichen Puderzucker in einen kleinen Topf füllen, langsam erhitzen und dabei gut verrühren. Leicht einreduzieren, vom Herd nehmen und den restlichen Zitronenlikör unterrühren. Etwas abkühlen lassen.

Die fertigen Soufflés auf Dessertteller stürzen, mit Puderzucker bestäuben, mit dem Sirup umgießen, die Himbeeren herumdekorieren und obenauf je ein Minzeblättchen legen. Sofort servieren.

Das letzte Wort

Liebe Leser,

ich hoffe, Ihnen hat unser Ausflug nach Kroatien gefallen. Natürlich freue ich mich über Ihre Tipps, Hinweise oder Anregungen und beantworte auch gerne Ihre Fragen. Bitte schreiben Sie mir einfach an kontakt@almutirmscher.de.

Versäumen Sie bitte nicht die Fotos aus Kroatien auf **www.almutirmscher.de**!

Vielen Dank und…

Zbogom – bis bald in Kroatien!

Ihre
Almut Irmscher

Danksagung

Ich danke allen, die mich mit Tipps und Anregungen unterstützt haben.

Ganz besonders danke ich meinem Mann Ulrich Otto, ohne seinen Rat, seine Korrekturen, seine Aufmunterungen und seine ständige Bereitschaft, mir alle Hindernisse aus dem Weg zu räumen, wäre meine Arbeit nicht möglich gewesen.

Mein herzlicher Dank geht an meine Freundin Rosi Seidl, die die Fotoalben auf meiner Seite www.almutirmscher.de mit ihren schönen Bildern bereichert.

Besonderer Dank gebührt auch meiner Freundin Gunhild Hexamer, die mich nicht nur durch die Jahrzehnte des Lebens begleitet hat, sondern auch die Entstehung meiner Bücher jedes Mal aufs Neue unermüdlich und engagiert mit ihren Hinweisen, Korrekturen und Anregungen begleitet. Sie ist es auch gewesen, die mir überhaupt erst den Anstoß zum Schreiben gegeben hat. Ohne Gunhild gäbe es meine Bücher nicht. Gunhild ist selbst Autorin, wenn Sie sich für Nordamerika interessieren, dann empfehle ich Ihnen ihre Bücher, die Sie auf ihrer Website www.ghexamer.de finden.

Slowenien
Istrien
Krk
Rab
Pag
Zadar
Kornaten
Krapanj

b
en
Bosnien-
Herzegowina
Omiš
Dubrovnik
Monte-
negro

Krk

Küste in Dalmatien

Auf der Insel Lokrum

Dubrovnik

Der Stradun, die Hauptgasse von Dubrovnik

Über den Dächern von Dubrovnik

Sveti Vlaho (Blasiuskirche), Dubrovnik

Der Stradun, die Hauptgasse von Dubrovnik

Dubrovnik, an der Stadtmauer

In der Altstadt von Dubrovnik

Strand Banje, Dubrovnik

Stadtmauern in der Abendsonne, Dubrovnik

Omiš, Dalmatien

An der Küste vor Njivice, Krk

Njivice, Krk

Njivice, Krk

Nationalpark Plitvicer Seen

Wasserfall Skradinski Buk, Nationalpark Krka

Split

Zadar

Zadar

Abendstimmung über den Kornaten

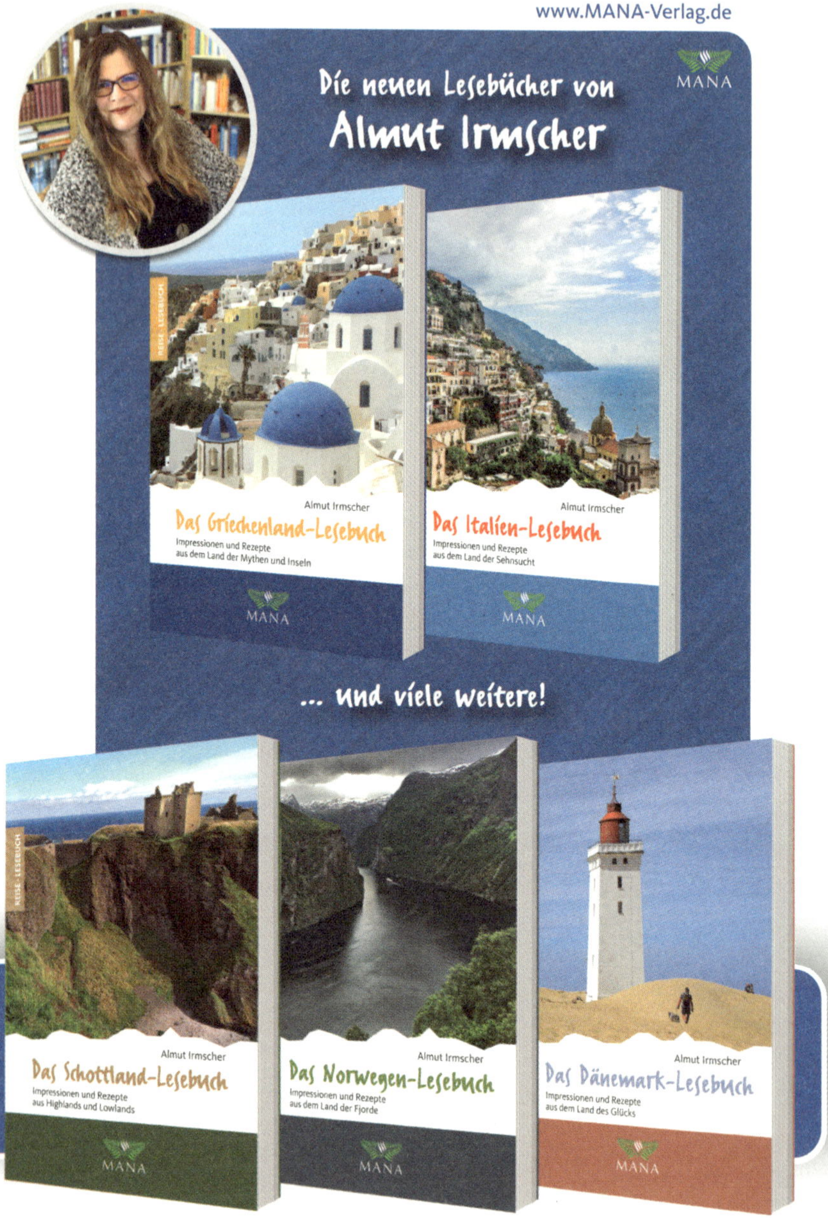

Feedback
Wie hat Ihnen das vorliegende Buch gefallen?
Bitte scannen Sie den QR-Code und beantworten Sie uns einige Fragen. Das hilft dem MANA-Verlag auch bei der Entwicklung neuer Titel. – Vielen Dank!